摩訶毗盧遮那佛

金剛界曼荼羅

胎藏界曼荼羅

日本佛教真言宗高野山派金剛峰寺中院流第五十四世傳法大阿闍梨
中國佛教真言宗五智山光明王寺光明流第一代傳燈大阿闍梨

悟光上師法相

新編江湖風月集（卷下）

悟光大阿闍梨略傳

悟光上師又號全妙大師，俗姓鄭，台灣省高雄縣人，生於一九一八年十二月五日。生有異稟：臍帶纏頂如懸念珠；降誕不久即能促膝盤坐若入定狀，其與佛有緣，實慧根夙備者也。

師生於虔敬信仰之家庭。幼學時即聰慧過人，並精於美術工藝。及長，因學宮廟建築設計，繼而鑽研丹道經籍，飽覽道書經典數百卷；又習道家煉丹辟穀、養生靜坐之功。其後，遍歷各地，訪師問道，隨船遠至內地、南洋諸邦，行腳所次，雖習得仙宗秘術，然深覺不足以普化濟世，遂由道皈入佛門。

師初於一九五三年二月，剃度皈依，改習禪學，師力慕高遠，志切宏博，雖閱藏數載，遍訪禪師，尤以為未足。

其後專習藏密，閉關修持於大智山（高雄縣六龜鄉），持咒精進不已，澈悟金剛密教真言，感應良多，嘗感悟得飛蝶應集，瀰空蔽日。深體世事擾攘不安，災禍迭增無已，密教普化救世之時機將屆，遂發心廣宏佛法，以救度眾生。

師於閉關靜閱大正藏密教部之時，知有絕傳於中國（指唐武宗之滅佛）之真言宗，已流佈日本達千餘年，外人多不得傳。（因日人將之視若國寶珍秘，自詡歷來遭逢多次兵禍劫難，仍得屹立富強於世，端賴此法，故絕不輕傳外人）。期間台灣頗多高士欲赴日習法，國外亦有慕道趨求者，皆不得其門或未獲其奧而中輟。師愧感國人未能得道傳法利國福民，而使此久已垂絕之珍秘密法流落異域，殊覺歎惋，故發心親往日本求法，欲得其傳承血脈而歸，遂於一九七一年六月東渡扶桑，逕往真言宗總本山—高野山金剛峰寺。

此山自古即為女禁之地，直至明治維新時始行解禁，然該宗在日本尚屬貴族佛教，非該寺師傳弟子，概不經傳。故師上山求法多次，悉被拒於門外，然師誓願堅定，不得傳承，決不卻步，在此期間，備嘗艱苦，依然修持不輟，時現其琉璃身，受該寺目黑大師之讚賞，並由其協助，始得入寺作旁聽生，因師植基深厚，未幾即准為正式弟子，入於本山門主中院流五十三世傳法宣雄和尚門下。學法期間，修習極其嚴厲，嘗於零下二十度之酷寒，一日修持達十八小時之久。不出一年，修畢一切儀軌，得授「傳法大阿闍梨灌頂」，遂為五十四世傳法人。綜計歷世以來，得此灌頂之外國僧人者，唯師一人矣。

師於一九七二年回台後，遂廣弘佛法，於台南、高雄等地設立道場，傳法佈教，頗收勸善濟世，教化人心之功效。師初習丹道養生，繼修佛門大乘禪密與金剛藏密，今又融入真言東密精髓，益見其佛養之深奧，獨幟一方。一九七八年，因師弘法有功，由大本山金剛峰寺之薦，經日本國家宗教議員大會決議通過，加贈「大僧都」一職，時於台南市舉行布達式，參與人士有各界地方首長，教界耆老，弟子等百餘人，儀式莊嚴崇隆，大眾傳播均相報導。又於一九八三年，再加贈「小僧正」，並賜披紫色衣。

師之為人平易近人，端方可敬，弘法救度，不遺餘力，教法大有興盛之勢。為千秋萬世億兆同胞之福祉，暨匡正世道人心免於危亡之劫難，於高雄縣內門鄉永興村興建真言宗大本山根本道場，作為弘法基地及觀光聖地。師於開山期間，為弘法利生亦奔走各地，先後又於台北、香港二地分別設立了「光明王寺台北分院」、「光明王寺香港分院」。師自東瀛得法以來，重興密法、創設道場、設立規矩、著書立說、教育弟子等無不兼備。

師之承法直系真言宗中院流五十四世傳法。著有《上帝的選舉》、《禪的講話》等廿多部作品行世。佛教真言宗失傳於中國一千餘年後，大法重返吾國，此功此德，師之力也。

目錄

蜀松坡憩藏主

師諱宗憩，道號松坡，法嗣無準，川人也，松坡之號由「鶴不古松不憩」之語出，惠西巖松〈松坡〉之頌曰：「白頭棄钁下煙扉，正是欣逢快便時，豈謂傍山根腳在，至今留得礙人枝。」

橘洲塔

橘洲老人諱寶曇，號少雲，蜀之人也。從大慧、育王徑山，後見東林萬庵，蔣山應菴，遂嗣法於拙菴。初就南郭洲山築院安居，遶舍植萬橘樹，因之為自號。師嘗住明州之伏錫山，發揮佛祖之機緣，編《傳燈》述論讚名大光明藏云。塔在越之秦望山中之大蘭山，一說在伏錫之竹院，故有禮竹院塔之說。今依此偈見之，可為大蘭山之塔。

月沉野水光明藏　蘭吐春山古佛心
不用低頭苦尋覓　骨頭節節是黃金

第一句，「月沉野水」是載在大光明藏，佛佛祖祖之慧光皎然如明月，此月久已如沉在野水中晦跡之處，由橘洲之筆頭加以發揮生出光明，頌其編集了所謂光明藏之書。「藏」字去聲也，凡物自隱則平聲，不自隱而我隱之隱之則去聲也，如腑臟之「藏」，隱置佛祖之光明的書物之義也。第二句，橘洲之塔是在大蘭山，因地名而承句。蘭繽紛而吐香開遍春山，蓋憩公於大蘭禮塔時，可知適逢春季，乃七佛以來列記於大光明藏之處的古來佛佛祖祖之心，橘洲由筆頭去發揮之心，憩公在大蘭禮塔之心，皆是水月一如也。至此始發揮了一如之古佛心，如春風中吐出蘭香，抑其頭上無佛祖、腳下無憩公，一片蘭香馥郁春山也。此句親切地逢著橘洲老人之真面目了。第三句，與麼來苦覓橘洲塔低頭禮拜呢？到此不待言。何者？第四句，以上所謂佛佛祖祖之光明已經沉在野水，為此來參拜時其發揮出來的光明藏，如果被其好像蘭之馥郁香味在春和的陽氣所開一樣的古佛心所薰徹者，佛祖及我都徹底於一如心，四肢骨節都盡發出黃金的光輝，何故苦覓低頭禮拜橘洲塔，已是活捉了春蘭馥香的橘洲之真面目為我物也。「法法不隱藏，古今常顯露。」鑿空氏曰：橘洲初被史彌遠認識，其臨滅度時招彌遠來敘其平日行記笑談而化，荼毘後得舍利無數，故一說引《釋氏資鑑》曰：「月沉野水」、「蘭吐春山」，乃洲之面目儼然耳。此外更不用論其生前滅後事，如得其舍利都是多餘之事，故云不用苦覓禮其骨頭，此說雖似不可無，可將三、四兩句以一義解之，是我點頭之處也。且其史彌遠之原不善，彌遠專寵於寧宗、理宗兩朝，雖誅韓侂冑暴露其罪惡於中外，是唯他一時之快而已。彌遠身在輔弼之職，乘寧宗之病未革，矯詔擅自廢立國儲，蓋濟國公竑性浮躁，不如理宗之凝重寡言，雖廢昏立明是謂輔國臣者之權道，但垂簾內有楊后在焉，以抑制行之並非彌遠顧慮社稷，是恐對己無利，可謂以其短為謀廢之也。橘洲之文章光燄萬丈波瀾廣大，如彌遠之專臣不正其非，與彼在死生之際話談云者為余心不快之處，蓋雖佛身舍利玲瓏，如史彌遠之奸臣在傍，都等於變成土塊，是以本偈末句之解以為光明藏之映徹處，對於舍利毫無所及者！抑編者有意而已。

寄月坡造塔

天童山之月坡普明禪師嗣無準。久住於明州之天童山，南谷，塔名圓照云。

無逢團團疊亂雲　靄然南谷日生春
放教後手長些子　把一文錢與匠人

唐肅宗問忠國師：「百年後所須何物？」師云：「與老僧造箇無縫塔。」帝云：「請師塔樣。」師良久云：「會麼？」帝云：「不會。」師云：「吾付法第子耽源卻諳此事，請詔問之。」後詔源問，源乃有頌，「湘之南，潭之北，中有黃金充一國，無影樹下合同船，琉璃殿上無知識」，以上無縫塔之出典也。第一句，「無縫團」即是塔樣云。「無縫」者如語云崑崙無縫罅杯一樣，無些瑕之完壁之塔，其堅質至未來永劫無可破壞，故用團團的壁之形容語，而如雲之重重騰疊，頌其塔樣聳立空中之趣。第二句，以「靄然」來承起句之亂雲映寫如春和的樣子，月坡塔建於南谷，此頌其雄偉氣派也。寓意月坡之道德盛如春日之溫和，如萬物發生行其化育，「靄然」是雲之集形容。第三句，至此可見憩藏主之慧力與月坡之宗旨的向上。《五燈會元》云「後手」者，遺物以為後用之義，即謂後代之人之手段云。蓋月坡之無縫塔層層屹立摩聳杳空，月坡其塔屹立，宗旨亦與月坡一樣屹立，塔與宗旨都是未來永劫傍傍不可破壞，真是碧落之碑也。其塔樣之高低是後人不可得評量的。「放教」者，無論怎樣遺留些子給後人與否，畢竟後來任其評量也，「長」即餘之義也。第四句，與法之深淺給作塔之月坡下的知識連之表示也。「一文錢」是第一義最上乘之法，是以給與匠人之知識連，即後來沒有人敢評量塔之長短高低宗旨淺深，到此即如靄然的春日，於月坡下少林花木回春。此三、四句出於疏山壽塔之話。疏山和尚，因主事僧，為造壽塔了，來疏山，山問：「汝將多少錢與匠人？」僧云：「一切在和尚心。」山云：「為將三文錢與匠人，為將兩文錢與匠人，為將一文錢與匠人，若道得與吾親造塔。」僧無對，時羅山在大庾嶺住菴，其僧至羅山，山問其處來，僧云：「疏山。」羅山云：「近日有何言句？」僧舉前話，羅山云：「還有人道得否？」僧云：「未有人道得。」羅山云：「汝卻回舉疏山道，『若將三文錢與匠人，和尚此生決定不得塔；若將兩文錢與匠人，和尚與匠人共出一隻手；若將一文錢與匠人，帶累匠人，眉鬚墮落。』」其僧舉似疏山，山聞此便具威儀望大庾嶺禮拜，嘆曰：「將謂無人，大庾嶺有古佛放光射到此間，雖然如是，正是臘月蓮華，我與麼道，早是龜毛長數尺」，云云。古抄曰：三文錢是云初機之拖泥帶水，兩文錢是第二義門涉接理致云，一文錢者上根頓機之向上事云。臘月蓮華即稀有之義，龜毛數尺者不落長短，不涉計較云，是向上事也。

省恩堂

古抄云，省思堂者，母堂也，為母修冥福之堂也，一本題作〈洪兄歸省恩堂〉。

理盡詞窮路亦窮　鳳離金網鶴拋籠
恩深義重踰蒼海　不出半生清苦中

第一句，母之恩深不可以辭理究盡。第二句，已脫其恩愛之羈絆，如鳳離了無網、鶴之出了籠，翱翔萬裡長空，出家入了佛門。第三句，元來悲母養育之深恩，云胎內十月間的母之謹慎，出胎以後至四肢健剛完備為止的愛情之恩、教育之恩，如佛既在《心地觀經・報恩品》說盡，其恩深義重踰越蒼海。第四句，「半生」即假定為五十年，自出家二十年、三十年投足江西、湖南之名山靈剎，尋覓善知識，雪苦霜辛參禪辨道至於大死一番底之時始會得斯道，但此皆不出清苦生與我身的母恩之中。以上通譯也。鼇空氏更向上提唱者。第一句「理盡詞窮」是衲僧家多年撥草瞻風參玄之結果，工夫純熟言語道斷至心行處滅之地。第二句「鳳離金網鶴拋籠」者從前之惡智惡覺之窩窟得脫出底的好時節也。是即父母生此身，依此身得了此大安樂之境界也。第三句，其恩廣大甚深，深及蒼海也。第四句，報答如此廣大深遠之恩者，須半生五十年間之清苦修行至「理盡詞窮」，得到了「鳳離金網鶴拋籠」底之脱出從前舊窩窟的好時節，才能果成報恩之一大義務也。

息耕

農事了畢也。蓋號頌虛堂之德號也。或別人之號乎。周詩云，禾登場圃，注場打禾場也，此意自勞耕作登禾場圃者，言終農事，衲僧多年行腳學事既了畢之謂也。

禾已登場水滿田　泥牛無復痛加鞭
春風春雨能多事　攛掇犁鋤不上肩

第一句，比衲僧修行了畢之處。禾是嘉穀也，又稟實並刈者也，刈稻也。場即打稻之處，「登場」即刈稻收穫云。秋稻刈後，入水於田，冬是休置土地，故云「水滿田」云。即衲僧家大休歇之場合也。第二句，泥牛之鋤耕水田、浸染泥水痛打加鞭地被驅逐等等都休歇去了。述其閑事悠然之境界。第三句，還看以前，嘗於春風春雨之時節，能多事地勉強，在師家之嗔拳熱喝下苦辛修行，至於今日即。第四句，成為萬事休罷之好境界，免犁耕打捨攛掇，肩上復無提犁之苦了。大休歇之境界也。攛音取亂切，音爨，擲也，打掉也。掇都奪切，端端入聲，採也拾也。此之「攛掇」即放擲不取之義也。

擁葉

註：上卷出天台清叟之偈。

黃葉平鋪兩膝金　誰云返蟻穴難尋
夜深宿火爐灰冷　添得南陽寒上心

第一句，攬集落下之黃葉平鋪之，身埋其中來淩寒，「兩膝金」難言黃葉是黃金的義句，乃鋪黃葉形容如膝下鋪黃金。第二句，劉義〈落葉〉之詩雖云，「返蟻難尋穴，歸禽易見窠。」今掃集落葉如布敷重重的蒲團，連蟻穴都埋沒了，蟻定難尋歸路，雖云者暗當劉義之詞，傍及之詞也。誰云有傍及與貶斥之辭二義？傍及即不知誰人有說此之義；貶斥即不知誰人說此無理之事之義也。此是傍及當暗指劉義之句，不知誰言及此事不知是否事實之義也。第三句，沍寒之時節雖掃集落葉代替蒲團取煖，夜隨之深更，宿置爐中之火漸漸消失變成冷灰，寒氣更加迫身。古人之詩云：「燒葉爐中無宿火，讀書窗下有殘燈」，大概取來斯句之體裁歟。一句徹骨徹髓仔細看取。第四句，因舉忠國師與青銼和尚之機緣。南陽忠國師初與同參青銼和尚，在欃子谷巖棲洞飲，旦夕宴坐，每寒曉霜夜共擁葉自暖，青銼略覆趺足而已，南陽意在堆聚，青銼罵曰：「汝他日必作帝者師。」後如其言，或曰，銼罵曰：「汝以後為王者師，魔魅人家男女去。」夫青銼是天下之衲僧也，冷冰冰地坐斷如石浮屠。「南陽」是帝者之師表也，被紫錦方袍在丹峰金殿上為億兆所尊信，而青銼的寒巖絕壁欲依近之，似乎摸不著，如何？故云，更深宿火冷處，雖同擁業宴坐，為青銼之一言南陽寒徹心頭，冷地之修行添得一層也。青銼勘辨南陽之語，即今諸方作者家以為如何？

歸江陵奔講師喪

一本「歸」字上有「送人」之二字。

講罷殘經去不回　石林雨花翠成堆
天荒地老重相見　眼在髑髏眉底開

第一句，「殘經」者，是講至現在之經也。講師常常講經至於其經講畢為病或不病而寂，去而不回云也。第二句，於講經中顯雨花之奇瑞。自古中國或日邦皆有此例，昔已在印度有須菩提宴坐巖中，諸天雨花讚歎，須菩提云：「空中雨花復是何人？」曰：「我是梵天。」須菩提曰：「汝云何讚歎？」天曰：「我重尊者善說般若波羅蜜多。」須菩提曰：「我於般若未曾說一字，汝云何讚歎？」天曰：「尊者無說，我乃無聞，無說無聞，是真般若。」又復動地雨花云云。梁之武帝亦有雨華之瑞，武帝嘗披袈裟講《放光般若經》，感得天花亂墜變黃金云云。日邦聖德太子，講《勝鬘經》時，天華亂墜云云。如上述講師之講經處之石林雨華乃變成苔翠積為堆。第三句，古書云，荊州年歲應舉人，多不成名為「天荒解」。劉蜕以荊州解及第時，號「破天荒」，蓋此地方有科名者為破荒。今此「天荒地老」者，即天、地，都儘其荒老了云。亦有謂已無破天荒之名人之義也。講師死後天地荒涼，世上便沒有如此之名師也，行去連死骸都不能重相見了。第四句，覆了棺後始知難免之事，此乃講師存命中都沒有特別感覺什麼，死後見之才知復無如此的名師，講師雖遷化，講經之慧眼是明明活活的，抑在髑髏眉底開著真的慧眼，惜哉，沒後露箇面目。

涅槃

華云大圓寂，《成唯識論》四種涅槃：（一）本來自性清淨涅槃，謂真如隨理緣變造一切諸法，雖有煩惱垢染，而本性清淨具足無量微妙功德，無生無滅湛然若虛空，一切眾生平等共有，與一切法不一不異，離一切相無有分別。(二)有餘依涅槃，謂煩惱障雖滅，尚餘欲界五陰之身，而為所依。(三)無餘依涅槃，謂煩惱既盡，所依五陰之身亦滅。(四)無住處涅槃，謂不住生死不住涅槃，窮未來際利樂有情。

臨行特地手摩胸　死活都來一款供
明日既無今日有　桃花開盡杏花紅

第一句，世尊於涅槃上以手摩胸，告眾曰：「汝等善觀吾紫磨金色之身，勿以瞻仰來取足而後悔，若謂吾滅度即非吾弟子，若謂吾不滅度亦非吾弟子。」時百萬億之眾皆悉契悟云云。世尊去此世之時，臨往大涅槃之地，特地手摩胸更為弟子訓之。第二句，謂滅度又不是也，謂不滅度亦不是也。死活都來一款而白狀。「款」是白狀，是在具足四涅槃的。第三句，明日亦非明日。謂何者？由今日視之是明日，在明其日即非明日也，還是今日也。今日雖有，以今日為今日思之，今日已無。謂何者？一夜明即早已明日也。此句是反遣法，反遣即沒有今日明日，亦無滅度與不滅度。第四句，循環法也。時候在二月十五日桃花開盡，又杏花在開，如一番一番地花開，世尊之紫磨金光聚都不斷地照遍山河。以第三、第四反遣、循環二法，來供不生不滅之大涅槃為一款，憩公之慧腕何等呢？

題友人行卷

行腳中所編集之詩文草稿之卷也。

山行水宿幾辛苦　雪韻霜詞迥不同
誰把金梭橫玉線　織成十丈錦通紅

第一句，友人之行腳中，或往山村，或宿水濱，尋師訪道，二十年、三十年間，幾多之辛苦，可足見之行卷也。第二句，其韻其詞恰如霜雪之凜然，迥與世上凡俗之詩不同。第三句，「誰」字有含感歎之意。誰人感服之，把將黃金如玉地橫了美麗的線，黃金之梭玉線者，譬如將江湖之美境花鳥風月之珍貴奇觀，以經緯來作詩文。

第四句，以金梭玉線織成其長十丈一樣的行卷，此行卷可云「錦通紅」也，表裡美麗之佳文章也，譬如翻錦機背面共是花。

開燈油田歸明覺塔

上卷象潭泳公〈明覺塔〉之偈，載有雪竇重顯禪師之略傳，在此不贅。「燈油田」是為其燈明油代之田地之寄附捐贈也。

開三毒地種無明　要見花敷不夜燈
八十老僧從定出　又添光彩上眉稜

第一句，「三毒」者貪嗔癡之三也。田地乃人之財產，貪慾心之凝結處，開其三毒之地種植愚癡之種的無明，暗應「明覺」之二字。第二句，「不夜燈」即明覺也。咄，明覺是何物呢？無明覺了即明覺也。元來是明覺無無明，若沒有無明，何處另有明覺？若要返照自己之無明，見到開敷明覺之花，是將燈明油田寄附與明覺塔之所以也。第三句，「八十老僧」者指雪竇而言也。雪竇雖七十三遷化，但八十是舉其大數之年齡歟。如斯寄附燈油田與明覺塔，令其燈華燦爛的照其長夜，即雪竇定能滿足，可能從「那伽定」中出來，述作者之思想也。第四句，元來明覺之處，又更加施者之清淨財來添加燈明之光，大慨眉間之白毫光都會增加呢！「眉稜」即是眉端也。

菖蒲石

菖蒲之說多矣，《神隱》上卷云，西江天寶洞，天洪崖丹井，二處所生，石菖蒲九節者種之，一年至春剪洗一發愈剪愈細，栽於石山亦可。若種炭上必用有皮者佳，置一盆於几上，如夜間觀書則收煙而無害目之患。若夜置於星月之下，至旦取葉尖露珠，以洗目大能明目，久則可以白晝見星。《格物論》云，菖蒲一名菖歜，生池沼間，其根盤屈有節，狀如馬鞭，一寸無節者佳。又一種根苗纖細，人家以瓦石器種之，旦夕易水則發，水濁則萎，此所謂石菖蒲也。生下濕地，六根者乃昌陽也，不可服云云。

一泓寒玉弄蒼虬　絡石蟠根翠欲流
六月耕煙不知暑　眼明島外一天秋

第一句，「泓」音橫，謂水深之義。「蒼虬」是菖蒲之名，或云虬髮。云水深者水色也，言水之青青之處置石，在其石上種植菖蒲，依水流而弄菖蒲。「寒玉」即形容水之清冷。第二句，即述其弄之形容，菖蒲之根蟠絡依附在石上，其翠被水所弄，看似與水共流。第三句，此菖蒲在六月之炎天，耕植出於夏畦耕作時，暑氣迫得土煙蒸出陽燄之時觀瞻之最好，實有不知暑之慨。第四句，菖蒲是眼目之藥，炎暑之時分看此菖蒲，目能明視身覺清涼，恰似行遊海外之島嶼之感覺逢遇一天之秋涼，蓋菖蒲石涵於「一泓寒玉」之趣向，視之有如海島蓬萊之感也。

政黃牛

上卷晦谷光公之偈處，載有政黃牛之機緣，此不贅述。然此是云畫像之題之說。

吟肩高聳湖山瘦　心湛不隨湖水搖
來往橋邊雙白鷺　不知一足為誰翹

第一句，政黃牛吟詩作偈時，其遊步之姿者，是身材瘦長骨立兩肩高聳如湖山之瘦形，此句動中有靜。第二句，但其心是湛然如澄清之湖水，湖水遇風會起波，政公之心至此比其湖水堅固，不會隨湖水之波浪而動搖，此句靜中有動。第一句是頌法身不動之姿態，第二句是頌性海湛然之趣，政公之風丰此二句頌盡之。以下二句是全篇的活脈。第三句，謂政公之畫像中，有畫著雙白鷺翹一足在橋邊，此橋與白鷺是政公住於餘杭之功臣山時，有〈山中〉之偈云，「橋上山萬層，橋下水千里，唯有白鷺鷥，見我常來此。」此畫大概由此偈而畫者。第四句，不知白鷺為誰翹一足耶？白鷺元無心，非為誰而翹一足的，抑政公之境界在山水明媚之處沒有人我，如白鷺之翹一足類似，述其不知是白鷺或是政公的物我一體之境界，咄！此一足句為容易視之，因青原行思禪師，使石頭希遷和尚持書與南嶽讓和尚曰：「汝達書了速回，吾有箇鈯斧子與汝住山。」石頭至彼未呈書便問：「不慕諸聖，不重己靈時如何？」南嶽讓和尚曰：「子問太高生，何不向下問？」石頭曰：「寧可永劫受沉淪，不從諸聖求解脱。」讓和尚便休，石頭回至青原。原曰：「子去未久，送書達否？」石頭曰：「信亦不通，書亦不達。」青原曰：「作麼？」石頭舉前話了，卻云：「發時蒙和尚許箇鈯斧子。」便請取，青原垂一足，石頭禮拜，尋辭往南嶽云云。又香嚴和尚獨腳話也。萬仞峰頭獨足立也云云。此偈之鷺鷥一足如何請商量之，請選擇參諸人名匠去，非關吾事之處。

玉田

號頌。

滿畦無處下鋤犁　寸土分明是寸圭
主不知名佃無戶　風前時看鳳來儀

第一句，謂是玉田，都是滿畦皆玉，鋤犁農具無耕種之處，提出玉田全體。第二句，固來不及鋤犁，每一寸地都盡是一寸玉，滿畦土地悉是玉也，有藍田種玉之事云，但是此乃玉田，沒有種玉之抔，全體之田即玉也。二句是法身理體不用教學也，即身直是佛也，舉心動念皆乖法體，白圭無瑕，纔許即是云玉體點暇。第三句，田是必有持主的，但不知其主之名，「佃」即治田者，云如小作人，是云田廬，乃耕作之家，此之謂民戶，此俱無人戶。蓋上古世界建立之時云地生餅人民食之以生活，今玉田即詠出上古之情形。田不知主，亦不分耕作人之家，田地不耕作自然生玉，有玉亦無人去貪取，所謂無何有之鄉也。第四句，如此風光現前之處，有鳳凰靈鳥來棲遊。李白詩云，「鳳饑不啄粟，所食唯琅玕。」琅玕是玉之名，琅玕有種種，琅玕切音藍，故貴青色。亦有黃琅玕，衒好事者之奇，喜異色。又琅與玕謂竹，為其色相似也，此因是玉田，為此提出鳳凰來儀的樣子。

歸湖南為師造塔

蓋此題之上有「送人」之二字，非憩公自為師造塔也。

雲淨湘潭山骨露　誰云室內有靈牀
起模畫樣躭源老　遮斷半天無夕陽

第一句，述其湘南之佳境，唐許渾詩云，「湘潭雲盡暮山出，巴蜀雪消春水來」，湘水、潭水分為南北，可是在湘南。雲淨之湘潭山水明媚處山骨露現，在此處立無縫塔，「山骨」即是巖石，此湖南之山水巖石當體即無縫塔也。第二句，僧問趙州：「南泉遷化何處去？」州曰：「室內有靈牀。故誰云？」反評古人之語，室內有靈牀，所以言「誰云」。先師之面目是湘潭山骨露了。第三句，唐之肅宗皇帝問耽源：「南陽忠國師之塔樣如何？」即畫出湘之南潭之北的模樣來，即今先師之塔樣如何。第四句，汝看，湘潭之雲淨處，有層層高聳「遮斷半天」，連夕陽都被塔影遮蓋得不見的形態，來照應起句頌其塔樣之高大。

東甌竺山圭和尚

淨土竺山如圭禪師，嗣倫斷橋。「東甌」者在淮東，寰宇志，永嘉為東甌，鬱林為西甌，福州郡名，閩越之地也。

雪中寄同行

一夜漫漫雪滿空　思量不覺到鰲峰
曾郎密領巖頭意　畢竟難瞞店主翁

第一句，盡乾坤遍法界皆雪漫漫，寄此雪中同行人，云同行之處有其真趣。第二句，此雪中雪峰與巖頭在鰲山店思量雪峰之成道事，不覺中憶起。第三句，雪峰是曾氏故之「曾郎」，「鰲山成道」事者，上卷之西巖偈，〈鰲山店〉詳述之，雪山鰲山雪密領巖頭意而成道了。第四句，甚麼當時雪峰在鰲山店之雪夜連聲叫起同牀之巖頭，「師兄師兄，今日始成道」云，箇賣弄底的東西，到底是雪峰賣弄巖頭，或巖頭賣弄雪峰！畢竟雪漫漫玲瓏中，對於素朴之主人公是無法瞞著的，「店主翁」即鰲山之接待主也。此偈是借「店主翁」來指人人箇箇之主人公的。鑿空氏曰：若不同牀睡爭知被底穿。

寄人

成作寄友。

十載江湖不自期　寸長尺短復何為
越山舊有閑房在　一片寒雲誰共歸

第一句，雖然花了十年時間，遍歷參訪江西、湖南諸善知識，都沒有達到自己的期望歸著處。第二句，「寸」本來是短，然寸若有一寸一步或一寸二步的餘分時即寸亦是長。「尺」比寸本來就是長，然尺若以八步、九步而言尺還是短的。《楚辭》之〈卜居篇〉亦言之，「夫尺有所短，寸有所長。」註云，「尺長於寸，然為尺而不足，則有短者矣；寸短於尺，然為寸而有餘，則有長者矣」云云。斯思期即事多違者復何為以嘆之。萬事到底無法按照約束而行的，修行亦相同，能夠物物頭頭至於合轍的場合是不容易的。第三句，東甌是閩越之地，越山有拙者之舊閑居。第四句，江湖十年自不期到達歸家穩坐底的好時節，但早晚能夠共如「一片寒雲」之友歸來休息，合話舊兩之情是最善的。可是誰能共歸呢？真是「寸長尺短」自難期也。

秋江

頌號也。

西風滚滚浪花浮　嶋嶼明邊上下流
舉步已知成隔礙　釘椿搖櫓笑叢頭

第一句，「西風」即秋風也，「滾滾」是連續不斷之義。杜甫詩云，「無邊落木蕭蕭下，不盡長江滾滾來」，滾滾即此義。「浪花」即浪之形容，「花」字是形容詞，浪之飜轉一見如花；月云月華、井水云井花，如斯可見其形容助字。其浪由西風吹而滾滾不斷疊出如花，眾生之識浪情波連續不斷滾滾如浪之象徵句。第二句，大江中有嶋嶼，其島與清澄之秋水相映照，其明媚哪邊有水從上流下，譬喻眾生皆在識浪情波中上下而流，浮沉流轉三界。蓋若一次悟得了本有佛性，即彼之識浪情波並非他物，不離當處常湛然。第三句，若眾以為江中之島嶼景色好，而舉步行遊，即其清澄之秋水忽變萬疊波濤隔礙不能渡。雖向心外遠方求島嶼，但成煙波萬里隔礙不容易渡過的。若將自己返照，島嶼與自心打成一片，即不離當處，即心即島嶼也。何須舉步向他呢？第四句，笑巖頭當時於漢江為渡守而接物利生，故乘船打釘令櫓椿穩固勿撥，推櫓渡行人，本來不必苦役的，即心漢江也，的確巖頭甚潦倒也。是句是抑下法，抑下巖頭題「秋江」二字。

雪山曇和尚

新安雪山祖曇禪師，嗣倫斷橋，閩中人，著《禪門宗要》。瞿曇成道雪山，故有此號名云。

烹金爐

平江府薦福寺方丈之額也，天衣懷公之道場也。上卷古田垕公有此題之偈，垕公亦嗣斷橋。

山中窣覩護煙蘿　　爐鞴荒寒鈍鐵多
冷處為伊著把火　　夜來明月瀉金波

第一句，窣覩婆：此云最高塔婆，此云方墳，又云支提，又云發提，此云滅惡，或云抖擻，或云靈廟，又云高顯山中窣覩。嘉祐年間建在山中之最高塔，有煙蘿付纏著，此嘉祐年間仁宗時之年號，此時是南宋之末咸淳以後之事，凡有過去二百年，定有煙蘿付纏著古塔，因此句是倒句法云煙蘿護窣覩婆，順調句故用窣覩婆煙蘿倒置法。老杜之所謂，「碧梧棲老鳳凰枝」文法也，若順調即以「鳳凰棲老碧梧枝」，但為免語之平板故用倒句法，作詩偈要置之心得法也。是指天衣之塔。第二句，因是嘉祐年間至今日，時間經過很久。故爐鞴亦荒不能吹製精鐵，多為鈍鐵之製作品，天衣之時代是鍛鍊出若沖、宗本、法秀、應夫等四傑之爐鞴，但現在已經荒寒不能像以前，鍊鍊出四傑一樣了。第三句，雖然荒寒爐灰亦冷，但不可置之不理，可是有誰竟燒起一把火投伊冷灰之爐中迴復昔日天衣之嘉祐年間的盛熱爐鞴呢？第四句，這是什麼把火，夜來恰如明月滿出時，月光射在江上，波光如蕩融黃金一樣的好景色，此月光即爐中著把火之趣也，此金波即爐鞴鍛鍊鍊礦物成精金鋼鐵之趣也。「明月」、「金波」與嘉祐年間是同是異耶？鑿空氏曰：十萬世界一團鐵。

送綿匠

展綿者也，巧手者曰匠。

密密綿綿見不難　多應知暖未知寒
重重擘破君須看　暮雨朝雲裹斷山

第一句，「密密綿綿」是打展綿之形容字，譬喻工夫之不間斷，此無間斷之綿密工夫的修行上，見處並非格別難透的。第二句，學者有暖處寒處兩般的商量。暖即有佛處之出世邊也，寒處是無佛處之不出世邊也。古人「水邊林下費卻鹽醬二十年」即寒處之修行也，未到究竟者多滯著此兩般。今時之學者多知暖處不知寒處，就綿匠知暖即於題有親密之意也。第三句，漸漸頌其綿匠之境界作略，「重重擘破」是打綿展出一枚一枚之形容，要看此綿之重重打展處君詳細看之。第四句，「暮雨朝雲」是綿之形容字，「斷山」是比身體。此句總括全篇之趣，山為雲雨所包裹之處，如人為綿所披一樣，山是寒是暖呢？山沒有寒暖之感，衲僧家至此謂何？曰：寒時寒殺闍梨，熱時熱殺闍梨。

絕像鑑和尚

四明隆教絕像鑑禪師，嗣倫斷橋。

荷衣沼

荷衣沼在明州大梅山保福寺前。大梅法常禪師，嘗採荷葉為衣，後人以名荷衣沼。禪師有偈云，「一池荷葉衣無盡，數樹松花食有餘，剛被世人知住處，又移茅舍入深居。」

淤泥不染綠依依　本色初非巧出褫
包裹虛空闕綿密　風吹葉動冷侵肌

第一句，蓮花之不染淤泥者是本有之理體，法身佛也，「綠依依」是繁茂之形容詞。第二句，「本色」者本色之衲僧也，「綠依依」是荷葉之本色，其本色之荷葉初非巧弄出褫的，「褫」字尺里切，音恥也。衣絮編也。故本色衣非巧織而作，綠一片也，蓋荷出淤泥而不染泥，露本色之綠，並非此綠是付染織出者，即是衲僧本有之佛性也。第三句，此荷葉衣是大梅之道衣，包裏虛空而不餘不漏，但可包括而欠綿密，元來荷葉是鬆疏之物，不能綿密成暖。第四句，風吹雨濕，柔輭不生暖之物故云「冷侵肌」，蓋法身法性如大虛，恐怕其中起了無明妄情之風，侵略冷卻了本然清淨之肌體，所以須向欠闕綿密冷肌之侵處切磋煅煉，方可始見本然之清淨。私按：未到休歇處須修有功用之工夫。

錦鏡池

雪竇之境致也，雪竇山在明州奉化縣之西，此池春花秋葉隨時映水，故曰錦鏡，池畔有飛雪亭，瀑泉如雪云云。

蜀段誰將似水裁　錦雲落絳雪裝台
凌波不見春風面　辜負菱花一沼開

第一句，「蜀段」者蜀江之水所矖之「段」字織之錦也。其錦紋似水是誰人所製裁的讚嘆辭也。蓋「錦鏡池」為題乃以蜀段與水來成句的。第二句，雪竇山之景色即依四時而代移，「錦雲」是春色百花爛熳之形容也。「落絳」即云其花紅映水之趣。「雪裝台」亦是境中之飛雪台被玲瓏之雪裝飾像玉台一樣，取飛雪亭之鄰況來詠者也，以「台」韻替「亭」字。第三句，凌波仙子是水神云，黃山谷水仙詩云：「凌波仙子生塵襪，水上輕盈步微月，是誰招此斷腸魂，種作寒花寄愁絕。」詩人多以水仙為凌波仙子，元來云水神，抑水神斷腸花是在冰雪寒流之下，百花爛熳之時亦不能見面。第四句，今日移映在錦鏡池的百花春色之菱花鏡都不見水仙。佛一代時教三百餘會之經文，如花一樣的文章都像錦鏡池之水紋一樣，映於學者之眼，顯於真修之上，但自己本然之佛性是影都不可見的。「菱花」是鏡之名，比錦鏡池之清澄而詠的，「辜負」與孤負同。咄！欲問花來處，東君亦不知。

飛雪巖

飛雪巖在雪竇山，雪竇又云乳峰，山上飛瀑觸石而碎，如白雪飛。

掛空千尺玉龍垂　照壑霜明奪化機
六月人間如可買　香羅疊疊是塵泥

第一句，雪竇有八千丈巖之處，故飛雪巖亦定是高處，「掛空」即如從太空上掛下。「千尺玉龍」者，如白龍般之高處垂落的瀑布。第二句，其落下之處的水光清冷而映徹山壑，恰似霜而明白，這些淒涼之境界奪了六月炎天造化之機，此處夏不到不知暑。第三句，如此清涼是在下界人間的六月境中是買不得的。若果買得到即，第四句，細葛輕爽之絺綌香羅，任其許多疊積如山都是塵泥一樣無用處。蓋三界火宅之中若果掛著此千尺玉龍，即大小經典佛祖之言教都如疊積香羅一樣無用皆成塵泥了。唯心之境至清涼就足夠了。古曰：「六月買松風，人間恐無價。」

蜀希叟曇和尚

西蜀人，嗣無準。趙孟何云：「錚然金釘子，蚤炳炳業林間。皆曰：是力能撐拓吾宗門者」眾云云。有語錄，又編《正宗讚》。

題群牛圖

三三五五戲平蕪　蹈裂春風百草枯
莫寫溈山僧某甲　恐人誤作祖師圖

第一句，「三三五五」者，有謂西天四七（廿八）唐土二三（六）祖之說。附會極也，不可隨。「三三五五」者見以看做廣漠之平野有牛隻三五成群。「平蕪」乃野邊之平野上草等之生處，荒蕪之熟字即芝草之生處也。第二句，三三五五之牛群各佔一方成隊，吃掉了春天的青草變成枯焦一樣。第三句，溈山靈祐禪師示眾云：「僧百年後，向山下檀越家，作一頭水牯牛，右脇書五字云『溈山僧某甲』。此時喚作溈山僧，又是水牯牛；喚作水牯牛，又是溈山僧。且道喚作甚麼即得。」仰山出，禮拜而去。雲居代云：「師無異號。」資福代作圖相托起，借以上之機緣的群牛之圖，所以云「勿書寫為溈山僧某甲」而頌之。牛本來牛而置之可也，勿將溈山與牛斑駁之。娑婆往來八千遍，或成牛，或成善知識，異類中行自由自在，結不思議之眾生緣。第四句，牛本來是牛，大圓覺之場合入之，不可拉祖師或佛來雜駁之，若將此牛圖中書寫「溈山僧某甲」，即會被諸人誤為牛形之祖師圖亦不定。牛是牛也，祖師無異號，圖相即圖相，師無異相。

石溪歸鴈宕

新註當作〈寄石溪自鴈宕歸〉。

南鴈宕在溫州平陽縣，北自穹嶺南絕嶺西，五十里間皆鴈宕山也。初吳越錢王與僧願齊問參韶國師於天台願齊遊永嘉禮一宿覺真身，聞平陽明玉峰頂有鴈宕山，天晴則鐘梵相聞，杖錫尋訪，喜曰：「此山水盡處，龍雁所居，豈非西域書所謂諾矩羅震旦雁宕龍湫者耶？」按西域書阿羅諾矩羅居震旦東南大海際，雁宕山芙蓉峰龍湫，此山南有芙蓉峰，下有芙蓉驛云云。或作雁蕩，下有二潭，為大龍湫小龍湫，山南有芙蓉峰，下有芙蓉驛，前臨大海云云。

雁峰削玉鎖寒陰　彷彿梅陽瘴面春
回首揭天槌毒鼓　聲冤何止十三人

第一句述雁宕山立聳高空之形態，高山故有積雪，看似玉山削立天空，隨之感覺空氣強冷。「鎖」者被雪所封之趣也。第二句，「彷彿」者相似之譯詞也。石溪在雁宕，恰似大慧謫梅陽之義也。「瘴面春」者，梅陽是南海毒霧瘴氛之地、暖帶之地，故置「春」字；「瘴面」者大慧之面被瘴氣所觸顏色惡陋的形容詞。第三句，「回首」之字是天空高處揭著塗毒鼓之義。《涅槃經》云：「佛告迦葉……譬如良醫合和諸藥以塗其鼓，若有眾生鬪戰被瘡，聞彼鼓聲一切悉癒，唯除命盡必應死者，此摩訶衍法鼓音聲亦復如是，一切眾生聞其音聲，婬怒癡箭不樂菩提，未發意者犯四墮法及無問罪一切除癒，唯除一闡提輩」云云。一云，「譬如有人以雜毒藥用塗大鼓，於眾人中擊之發聲，雖無心欲聞，聞之皆死」云云。「毒鼓」是指毒霧之地，若以此毒鼓揭置頭上擊出音聲。第四句，希叟住雪竇，上堂云：「一雨潤枯焦，掃盡流金暑，薰風殿閣涼，諸佛出身處。堪笑，勤川無義語，引得花木瓜，變成爛苦瓠，走遍衡梅賣與誰，一十三人聲寃鼓。（拍膝云）驢年夢見東山暗號子」。此亦是引「梅陽瘴面春」與大慧事頌之，又結句用大慧之典實。大慧是在雲門之洋嶼菴，居眾纔五十三人，舉竹篦之話示徒，結夏以來未經五十日，打發一十三人云。石溪在雁宕山被打塗毒鼓，其聲而結寃者不止是十三人。寃讎者被觸其毒四大五蘊之假體與妄心一時死絕。畢竟是大死一番底之上的強擬言詞也，所以言寃讎，畢竟此處有什麼寃讎在，可知由寃的詞言來翻其讚美浩大者也。語錄偈句寃讎之義皆倣之。

劉震孫《石溪錄》序文略云：「文公朱夫子，初問道於延平，篋中所攜。惟《孟子》一冊、《大慧語錄》一部，公於異端，闢之甚嚴，顧獨尊信此書如此，豈無所見而然哉。方秦檜柄國，自公卿大夫無敢違忤，大慧藐然一衲子，乃能援復讐大義，抗言無諱。至語檜云：『曹操挾天子以令天下，今公挾狄人以令天子。』雖身被南遷之禍，而名震海內，與張橫浦、胡忠簡輩相頡頏。蓋嘗竊窺其書，其要言精義，往往多與《孟子》合，所謂貧賤不能移，威武不能屈者，大慧有焉，文公之所取固在此而不在彼也。石溪之在蔣山也，有王氏子，實介甫苗裔，挾權貴勢，規取山中地為墓田，石溪爭之不得，則鳴鼓說偈而去之，以為是先世以學術誤天下者，而吾徇其請，獨不為山靈笑乎，乃往趨東淛，遍遊往山水，將終老焉，自是名重一時，不惟搢紳諸公知之，聖天子亦知之，主名山錫徽號，寵靈赫奕，視大慧所遭遇無間，嗚呼老檜之兇燄舉世畏之，而大慧能抗之，介甫之遺孽當路主之，而石溪能排之，雖其用力有難易，而卓見偉識如出一人，自非聰明才智有學問識道理，疇克爾耶，然則是編也，與《大慧語錄》並行於世可也，若夫傳松源祖衣紹楊岐正脈，說八萬四千偈，談三十二義法，此袈裟下事，非余所能知，獨取其超絕於流俗而有補於世教者，表而出之，冠於篇首，是亦朱夫子之遺意也」云云。

松洲

號頌。

一道陰涼自古來　依稀臨濟手親栽
枝枝葉葉垂清露　點得合城人眼開

第一句，臨濟在黃檗三度發問三度被打。臨濟白首座云：「自恨障緣不領深旨，今且辭去。」首座先到黃檗云：「問話底後生甚是如法，若來辭時方便接他，向後穿鑿成一株大樹與天下人作陰涼去在」云云。「一道」者，一筋作天下人陰涼事乃不止是現在古來都是如此，自過去久遠劫至盡未來際，極成一道之陰涼，濟渡眾生的，松看做法身。第二句，昔臨濟在黃檗栽松，黃檗問云：「在深山裡栽許多松作什麼！」臨濟云：「一作山門之境致，二與後人作標榜。」此頌〈松洲〉之「松」字，依稀恰似臨濟和尚在黃檗親手把钁頭栽松。第三句，此松枝枝葉翠茂覆蓋天空，垂了清露，使松洲之雲衲中出作家之徒，枝枝葉葉長垂臨濟正宗之清露與後昆。第四句，松之青露是人之目藥，令合城內外之人悉點得其眼開明，以松洲之宗旨來豁開眾生之妄想病眼之義云。

古桃

號頌。

僊苑春風幾奏名　三千年實結初成
曾將一點枝頭血　換卻靈雲雙眼睛

漢武帝時齊人有東方先生，名朔，以好古傳書愛經術，多所博觀外家之語。初入長安至公車上書，凡用三千奏牘，公車令兩人共持舉其書，僅勝之，上從上方讀之，二月乃盡，詔拜以為郎。

書言故事，西王母降漢宮，出桃七枚，自啖二枚，五枚與武帝。令留核欲種，王母曰：「此桃三千年一開花，三千年一結實。」指東方朔曰：「此桃三熟，此兒已三偷。」

第一句，「古桃」為號故用來僊苑與西王母之典據，自然的舉揚「古」字。仙苑桃花春風綻開時，西王母降而名奏之，幾者，王母昔周之穆王時降瑤池赴宴，又武帝時降之，故言幾，其經年已久而奏名，暗指「古」字也。第二句，承「僊苑」之字，愈漸入於王母之典據，其桃是三千年始結實。第三句，入於花頌之，此桃花曾在枝頭顯一點紅，恰如血其色美麗。第四句，此桃花紅映在靈雲之眼，一刹那其雙眼睛之從前色蘊妄眼被拔取，如換卻一樣，一見宇宙遍滿成了桃花園。此偈第一、第二句，舉桃園桃實之本分，第三、第四句是提撕花紅之公案，倡揚靈雲之宗旨。後生之學者宜高著其眼福州靈雲云志勤禪師，長溪人也，初在溈山因見桃花悟道，有偈曰：「三十年來尋劍客，幾回落葉又抽枝，自從一見桃花後，直至如今更不疑」。溈山見偈曰：「從緣得入永無退。」後玄沙聞曰：「諦當甚諦當，敢保老兄未徹在。」

重慶靈叟源和尚

天台國清靈叟道源禪師，嗣術無準，增集《續傳燈錄》載左一偈。

防意如城

此題《法句經》文也。《法句經》吳天竺沙門維祇難等譯，有三卷。又古頌云：「學道須如守禁城，晝防六賊夜惺惺。」又朱文公《敬齋箴》，何晦夫註，「意在好色則內作色荒，意在如禽則外作禽荒，心猿意馬，非有意防閑之而或失其所防薦，則何所不至，必防吾意如防城則外邪莫攻矣。」

六門長鎖舊封疆　已是攀緣萬慮忘
昨夜家貧忽遭劫　無端禍起自蕭牆

《楞嚴》六根為六門六用，謂妄想攀緣也。第一句，鎖鑰眼耳鼻舌身意之六根門，不使色聲香味觸法之六塵所紛亂去注意防守。「舊封疆」是指來各自身上之果報云。凡山河大地、田煙山林、金銀財寶、家屋衣食等，皆眾生之依報也。貧富苦樂、大小強弱、禍福奸醜等，皆眾生之正報也。此依、正二報是，各自無始劫以來，自作自受而來，確知是累世宿業之因果報應之舊封疆也。「封疆」是言自身之領分土地，抑安守心，守心者謂有力之丈人云。眼耳鼻舌身之五根是固來無心，因為意識之狡獪兒，著色、著聲、著香、著味、著輕輭，遂而引率十使之子分，八十八使之同類，八萬四千凶徒由六門攻入，侵略舊封疆，故須堅守長鎖。第二句，堅守心城故遂而意識之狡獪兒就不能攀緣色聲香等諸法侵犯封疆，終而降伏八萬四千之賊類忘棄前非，始歸真心成為寧靜之天地。第三句，古語云：「賊不打貧家門」，但此賊異之，心力貧弱故會乘無明之夜賊忽然推入劫害。第四句，佛言譬如黑蚖在汝室而睡，其睡覺忽加害，意識之劫賊假使歸順降伏，劫劫氣是不許的，在其心城內蕭牆之下，暫時不注意，即直起加了劫害。若是來自外面之賊，雖六門長鎖可防之，在心城內之賊，任汝門閉鎖成重門防備，都無任何功用。蕭牆者，《論語•季民篇》云：「吾恐季孫之憂不在於顓臾，而在蕭牆之內，此文即取來用之。」鄭玄云：「蕭者肅也，牆即屏也。君臣相見之禮，至屏而加肅敬焉，是以謂之蕭牆」；屏即防外所覦者也。胡會之詩云：「不知禍起蕭牆內，虛築防胡萬里城。」鼇空氏打案吟云，道城難守忘難空，意馬心猿且雄雄，順逆元非來自外，捉偷花賊是家童。

守口如瓶

高頭古文註云，君子之人故，當字吾之口如字吾之瓶，瓶水之傾不可再收，口言之出不可再追。

明明只在鼻孔下　動著無非是禍門
直下放教如木楔　青天白日怒雷奔

第一句，「明明」者，口若藏在人面內裡就見不得，但都在人面上何人都明明地顯在鼻孔下，所以提起口之本則。第二句，就口詮鼇見之，此口的確是禍起之門。漢之酈食其云雖以三寸之舌攻下七十餘城，但為韓信之妒遂被烹殺。口雖有功至其身招禍，故云「守之如瓶」。瓶口可以容水以備不時之用，之漫建傾注於地，再復其水入瓶即不能，左之不傾注亦不能止渴，口亦復如是。似啞者無用，依時供於理解應接之樞用為要，只慎妄談惡口就是。佛亦教人戒慎惡口、兩舌、妄語、綺語之四惡業，因是禍門也。古人曾言病自口入，禍自口出。第三句，一轉來頌瓶。昔百丈禪師以溈山命典座靈祐往住持，時樺林聞之曰：「某甲忝居上座，典座何得住持。」百丈曰：「若對眾下得一轉語出格，當與住持。」即指淨瓶問曰：「不得喚淨瓶喚作甚麼？」樺林曰：「不可喚作木　也。」百丈顧問靈祐，踢倒淨瓶便去。百丈笞曰：「第一座輸卻山子了也。」祐遂往焉。木楪是木瓶也。中國蘇州有木楪市，產好木瓶云；又木楪是木履也云，亦名木提、木橛，未知是何。併此偈應作木瓶可矣，以直下了辭，木楪是口不調法打作棄詞。第四句，溈山靈祐禪師口不調者踢倒淨瓶而去，此一著云「青天白日怒雷奔」，或云維摩一默如雷呢？請懸高眼仔細看，佛四十九年三百餘會之廣長舌，拈弄來此一句，抑一字不説云，真白日中打起大喧譁，為之守口如瓶。咄！三年不飛不鳴，鳴則驚天地。其是為此乎。

古樵

號頌。

自從龍朔那年來　枝蔓相牽截不開
今日一刀俱截斷　明朝普請去搬柴

第一句，提起本題。「龍朔」是唐高宗之年號，即六祖大師，嶺南之樵夫盧行者出家得法之年也。第二句，六祖之自樵夫取義以下至今，牽枝引藤而繁茂枝蔓延至江西、湖南，斧鋸不入截而不開。第三句，正法眼藏卻瞎驢邊，今日截斷古則公案教相文字以一刀，復無牽罣葛藤枝蔓俱佛祖都截斷了。第四句，其截斷了之葛藤枝蔓作甚麼？因為明朝叢林清規之普請法，大眾共搬運取柴來燒釜煮焚稀粥呢？《百丈清規》普請之法，蓋上下均力也。凡安眾處，有必合資眾力而辦者，庫司先稟住持，次令行者傳語首座、維那，分付堂司行者報眾掛普請牌，仍用小片紙書，貼牌上云某時某處，或聞木魚或聞鼓聲，各持絆膊搭左臂上，趨普請處宣力，除守寮、直堂、老病外，並宜齊赴，當思古人一日不作一日不食之誡（百丈禪師始設）。又《禪林類聚》柴薪門，玄沙備禪師普請搬柴次。師云：「汝諸人盡承吾力。」一僧云：「既承師力何用普請？」師叱之云：「不普請，爭取柴歸。」鑿空氏曰，此四句皆不離本題，而一、二之句是意味著樵夫專頌「古」字；三、四句即純粹頌樵夫之作用，句句無關係而自不離關係，故聊不見斧鑿之痕，可謂號頌之上乘者也。宜為後來之倣法。

五祖栽松

四祖居破頭山時，有無名老僧唯栽松人，呼為栽松行者，嘗請於祖曰：「法道可得聞乎？」祖曰：「汝已老矣，脱有聞其能廣化耶？儻能再來，吾尚可遲汝！」乃去行水邊，見一女子浣衣，揖曰：「寄宿得否？」（私按：此即借身投胎之意，其女不諳此語）女曰：「我有父兄可往求之。」曰：「諾。我即敢往。」女首肯，僧回策去。女周氏季子也。歸輒孕，父母大怒逐之。女無所歸，晝傭紡里中，夜止於眾館之下。已而生一子，以為不祥，棄水中，明日見之，泝流而上，氣體鮮明，大驚，遂舉之。成童，隨母乞食，邑人呼為無姓兒。四祖見於黃梅道中，戲問之曰：「汝何姓？」姓固有，但非常姓，曰：「曰佛姓。」祖曰：「汝乃無姓耶？」曰：「姓空故無。」祖化其母，使出家，時七歲。眾館今為寺，號佛母堂，而周氏尤盛。

鬱鬱枝頭活意多　停鉏不種復如何
周氏本自無閑店　宿客徒勞借路過

第一句，栽松行者於破頭山所栽之松，即鬱鬱蒼蒼看來千載一色滯著活氣，「活意多」之三字是祖道千古不變之義也。第二句，行者嘗往問四祖道信大鑑禪師之處，為以乞問故停鉏不栽松，「但此有什麼用呢」的語氣，故云以「如何」而頌之，用此「復如何」三字疑詞來呼出後二句。第三句，甚麼竟託宿周氏女之胎中，其周氏女有父母兄弟，那樣的不見不知之老耄者是沒有閑店空屋給他借宿的，此「自」字是上下繼續之關節文用於自然之義，故用「本自」之字句。第四句，「宿客」即指五祖之借宿者。此句由《左傳》之典語假借而來得一結重量。五祖為再來出生，徒勞了的意思，於無念無心之中感得假因緣宿胎，而使其母流浪困難，落於乞食苦慘，畢竟是借路過之事。五祖借路於周氏女之胎內再來人間，為透拔而出故《傳燈錄》載書弘忍大師是姓周氏，被無名之老僧借宿閑店而且連遂被奪去，的確是苦勞千萬了。《左傳》云：「晉荀息，請以屈產之乘，與垂棘之璧，假道於虞，以伐虢。公曰：『是吾寶也。』對曰：『若得道於虞，猶外府也。』乃使荀息假道於虞，虞公許之」云云。晉假道於虞亡虢，遂而亡虞，在僖公二年，可見於《左傳》全文。「徒」之字、「自」之字，宜得到虛字之照應，假道伐虢而合取虞，借路而流浪其母，合取其姓之好比例也。「濁港滔滔入大江，門前依舊長安路。」

樵屋

號頌也。

㯋皴一楖爛枯柴　刀斧明明斫不開
颺下壁根休動著　看誰火急上門來

第一句，「粼皴」是，註云：水生崖石間而起細波貌。皴是，《韻會》：皮細起之意。蓋水枯水氣乾，皮依皴細起如細皮云。「橛」是木段之杙也；杙是橛，係牛馬杙也。「爛枯柴」是連手都無法著取之薪木也。凡大者可折為之柴，小者可縮為之薪；今此柴無法破折，故云無人買放置年擲棄無用，所以言「爛枯柴」云。第二句，箇之爛枯柴刀斧不能切斷而繫斫不開之大榾柮之意也。以上二句頌「樵」字。抑本地之衲僧有寒嚴古木之氣象不可移動之勢，國王呼召之亦不起作用，信徒參之亦取之不合。所謂富貴不能淫，威武不能屈！即同爛枯柴之一橛相同。第三句，即同粼皴榾柮刀斧無用之地不能繫破故無作用，於家壁根處置之以外無所搬動，不够技術搬移即會反成阻礙，故云「休動著」。這樣的衲僧世間之手是無可奈何的，根本亦不出名山古剎說法利生，只好任置於山寺之邊令他到退為宜。第四句，諺云禍物置放三年亦會發生用處，但有什麼人火急前來買薪去用？今日是嚴寒之時，什麼普通薪炭是不堪用的，可能有人來買此爛枯柴之榾柮去燒火取暖。咄！此爛枯柴買去得為何用？「百鍊黃金鑄鐵牛，十分高價與人酬。」以上二句即頌「屋」字之意也。「颺下壁根」、「火急上門」等文，依之可知也。

溫州橫川珙和尚

嗣法天目文禮禪師，松源下之尊宿也。姓林氏，永嘉人，宋嘉定十五年生，元世祖至元二十六年寂，壽六十八。師說法仰慕德山臨濟，言句追記真淨妙喜，掃蕩一時之弊，故不入時人之意。

寄石林三首

石林行輩禪師，嗣法天目禮，與橫川同參也，住杭州淨慈。

佛法當今誰是主　長廊繫馬北風吹
近來買得砂鍋了　只闕鉏雲鈍鐵錐

第一句，宋末景定、咸淳以降，賈似道為宰相，主任國軍之重任，專政其權柄殆傾人主，抑強敵外為冠，官軍頻累敗績，失地喪師無日無之，然賈似道粉飾太平，階前眩惑千里之明，徒邀功吝賞，遂離將士之心，天人共怒而怨，唐宋晁遷，如此時節佛法極至寂寥，主張之人甚少也。故以同參之親而漏歎息之意，即以當年今誰是主的問詞來唱起也。今日師兄雖是佛法之主導者，亦無可奈何。第二句，寺亦變成陣屋同樣，長廊佛殿或僧堂的行迴處都繫了馬。「北風」者北胡吹來凄酸之風，這是什麼樣子？這種時世引退入於深山去坐禪參昧入定好了。第三句，橫川自述境遇，將其想像寄給石林。近來亦買了土鍋準備避入山林了（沙鍋是土銼，鈷鏻之類也。鈷鏻是溫器，亦謂土鍋）。第四句，「鈍鐵錐」是鐵剗子之類，欽一樣之物，削平土之器云。雖未買此器，此器若買齊，就引隱山中終不知羸顛劉蹶，世上風波不管，耕作蔬菜掘取之，入於土鍋煮食之，什麼都不理，只在坐禪度春秋了。如何呢？「石林師兄聽我的音信同感嗎」的意思，也之問參底的話云。

又

逆風把梔世間有　順水流舟今古無
騎馬胡僧不上載　月明夜夜照西湖

第一句，逆風把梔今時世間很多，今北湖得勢侵略中國，駸駸乎而漸入，然中國之出家人多為胡人作奴隸附隨狄兵，皆是「逆風把梔」之輩。第二句，順水流舟的如石林般之人今古無類之名僧也。嗚呼道之不行久矣，隨從如此名僧修行之人實是稀少也。我石林是純一道念相續之人，不看為什麼漠湖兩般，況乎為狄人之奴隸。第三句，「騎馬胡僧」者即「逆風把梔」之輩，彼等皆是為北湖之奴隸不上載。東南之風云上載云，西北風為下載云。彼僧輩西北狄人之風舉之，騎馬到來中國，故云「不上載」云。逆風把梔者賊徒也，嗚呼僧迄如此乎。第四句，石林住於杭州之淨慈寺，其寺前有西湖，明月夜夜照湖心如石林之法心玲瓏，今時誰能參得此石林之心月來，這時唯有明月夜夜映其西湖水與石林之心月相照。《太平御覽》云，零隴山一名「射的山」，有仙人射的使鶴取箭。有時，鶴失一箭，求之不得。傍有一樵子，求箭，與仙人。仙云：「何以報之？」樵子曰：「多歲斫柴掉舟送迎難風。」仙酬之以東西南北之風，東南風謂之上載，西北風謂之下載。趙州示眾云：「爾向北來，與汝上載；向南來，與你下載」云云。或曰「騎馬胡僧」者，元世祖得虎巖伏禪師、雲峰高禪師，恢張宗門振起叢社，時石林獨棹孤舟載明月去在西湖上，蓋抑貶虎巖、雲峰以褒讚石林者乎。竊案：輓近宗門，以出入門地為名譽者，痛加針砭。

又

大法興衰關繫重　出頭不得縮頭難
春來殘雪消鎔盡　四面開窗看遠山

第一句，大法之興廢盛衰其關係責任是在人，法不獨行，故僧寶者非容易，要奉獻身命與三寶，奉佛之遺教勅盡未來永劫三寶久住之職任，空消私人之榮枯開落之浮世生涯者，是如來之逆子、佛法之頑民也。古人曰：「出家即大丈夫事，非將相所能為也。」衲僧者以取此一語為範也。第二句,今宋晁將遷胡元創國之始,北狄之君臣固不知宗門事,出頭濟度否,我四大和合之此身即大宋之四大也,豈甘受北狄之臣民為其凌辱,縮頭於山中引遁則無法全能大法久住之任,今日之世上是使我進退甚難了。第三句,久雖被寒苦困難,但望氣候漸漸遷變春來,山山里里之殘雪消去,扨成快然的時節,「殘雪」是諷胡元。第四句,春山之雪消後之景色又是格別而氣候長閑也,那時快快地開了窗牖觀賞帶著青霞的遠山處,始得忘卻寒苦蟄伏之思。彼之胡元之寇賊也,甘受彼之狄人之凌辱也。癡福之長老輩之殘雪消盡後,清朗之春光的遠山由四面窗牖入來時,即成大宋國之天地的極目清平境界,是我本分之佳景的想像,見上石林之人之頌也。

象外超和尚

無傳。

寄行甫

昔隱窮源未足奇　家風應愧老楊岐
東廊西堵疏疏壁　昨日重新又著泥

第一句，昔景通先生，得仙術隱窮食松花。引景通先生其典據，其隱以行甫比之尚未有什麼奇特，故「未足奇」而頌之。第二句，《五燈會元》云：袁州楊岐方會禪師上堂云：「楊岐乍住屋壁疏，滿牀盡撒雪珍珠，縮卻項，暗嗟吁。」良久曰：「翻憶古人樹下居」云。今行甫之家風雖比景通先生有增，而比「楊岐」即有愧入之處。第三句，「東廊」是東方之迴廊，「西堵」即西方之垣。東、西之廊堵已破，壁亦疏疏敗壞，頌其寒冷之境況也。第四句，愈捨置是不成的。昨日加以修理，將其敗壞處重新補泥修繕，言楊岐之屋壁破壞疏漏乃愧事也，頌自己之境遇寄給行甫也。此即抑下托上法也。引楊岐來敷愧，譬行甫之修繕辭也。

溪西澤和尚

溪西廣澤禪師，嗣法謙大歇，大歇嗣松源。

示眾

不比諸方鋪席開　單單只賣死棺材
待他屋裡有人死　自著上門上戶來

第一句，西溪這裡之禪場與諸方胡亂之見世所出不可同一比擬的，「鋪席開」是店頭排掛陳列諸物的象徵語，市店交易賣買之場所也，暗賣棺材比見世。第二句，吾這裡單單偏只賣死者之棺材為見世也。死者即來，不是死者即來亦無用。第三句，若有他某之家有人死即來我見世買棺材，吾在此待著，亦即所謂若無大死一番的人是非吾之對象的。第四句，若大死一番底的人即會上我門戶來，我就與他做個買賣，普通時是沒有話說的，大死底的個漢我一定商量接待並遣送，我在此地等待死人呢？太嶮峻了，護生須殺之，殺盡始安居。

謝訪

謝人之參禪尋訪，言外有容易不首肯之意。

黃葉擁門撥不開　勞人得得入山來
諸方門戶不為少　那得閑錢買草鞋

第一句，黃葉落積擁塞門前撥不開了門戶，此頌山中寂寞之趣，衲僧嶮峻之境界也。諸天捧花無路，外道潛覷不見。第二句，不知何人評判，聞老僧之名，得得地導來此深山太辛勞了。「平生恨識劉文叔，惹起虛名滿世間。」第三句，諸方善知識到處都大張門戶地待學者來訪，不及得得來到此寂寥的深山，到何處參禪亦相同。第四句，何必花費了金錢買草鞋，徒勞踏破幾雙到此山中，諸方識道理的知識份子很多，「何苦來此嶮峻的室內，有什麼好處所得」的意思也。

潭州月庭忠和尚

月庭正忠禪師，嗣法寧退耕，無準下也，住建康府蔣山，潭州屬湖州路。

侍者之杭州

寒潮有月帶秋聲　寂寞難禁午夜聽
著隻錢塘江上眼　莫教空恨石頭城

第一句，侍者由建康之蔣山往杭州的時分，潮上出了月影，其潮聲帶有幾分的秋聲似乎非常寂寞寒淋。蔣山是當時月庭所住之寺，在石頭城。第二句，此石頭城的寂寞之趣而午夜看了月色、聽了潮聲，增添了難禁離別之情。第三句，行到錢塘江上與於著一隻眼看看蔣山。此句用倒句法，若用「錢塘江上著隻眼」，即語音聲韻調不美，又為避平板之句故用倒句法。此作偈者必須之用心處。第四句，若在錢塘江上著一隻眼，看了多年坐斷石頭城邊的蔣山好風光時都會覺得非常可貴，不然即是否空恨打坐的石頭城。此句係主客見之。汝若於錢塘江上不著一隻眼，即會令此方恨得他年為汝空費接得的代價呢？故云「莫教空恨石頭城」。

維那入浙

枯盡淮山幾萬重　一枝桃蕚嬾春風
忽開西子湖邊眼　帶雨千株似血紅

第一句，昔峨眉山草木枯盡而二蘇誕矣之諺句云。是眉山之精氣盡鍾於二蘇，亦即二蘇生而其草木皆枯云。今淮山之草木亦枯盡而生維那，依眉山之故事來讚維那。第二句，「一枝桃蕚嬾春風」是托上維那之語。引應菴華和尚在虎丘為維那的緣語來頌之。以上淮山幾萬重之草木枯盡，其中只有一枝桃花夭夭地新開著。「嬾」是嫩新之意趣，亦即維那年少超出眾人之意，因應菴曇華和尚十八歲而在虎丘為維那，丘欲命充首座，時會中有圓悟者舊云：「華維那嬾在。」師聞之作偈云：

「江上青山殊未老，屋頭春色放教遲，人言洞裡桃花嬾，未必人間有此枝。」遂去。第三句，二之句有一枝之桃萼而轉來桃花之夭夭春色，即案出美人嬋娟之具象，而頌出「忽開西子湖邊眼」，這是巧匠擇材之手段也。東坡之初晴後雨之詩云：「水光瀲灩晴方好，山色空濛雨亦奇，欲把西湖比西子，淡粧濃抹總相宜。」依此詠故云「西子湖」，其西子湖邊開眼之一著是如何？第四句，不但一枝桃萼，有千株的桃花帶雨而如散紅色血般地盛開著，若無西子湖邊開眼之一著，即千株桃花亦是凡俗之花也。咄咄開什麼眼？「桃花端的悟靈雲，添得玄沙劫外春。」

溫蒲

菴號也。松坡有〈溫蒲菴〉頌云：「蓬門蓽戶暖如春，誰識娘生五逆心，萬古來山巘嶮路，草鞋無底值千金。」蓋溫蒲，暖蒲也。虛堂偈：「耳根無窮眼無根，兀坐溫蒲火一團。」

業履人亡肉未寒　滿汀柔綠帶春煙
全身入草重扶起　門掩昭州二十年

第一句，睦州織蒲履養母事已在前卷之虛堂〈送人省母〉偈述過，今此偈亦就引「蒲」字之睦州機緣，以織履為業之睦州雖然已死，但其肉尚未寒而頌之含蓄「溫」字。第二句，「肉未寒」即所謂睦州今猶活在此　著「柔綠帶春煙」的蒲溫暖地作菴。「春煙」之自句頌「溫」字。第三句，全身入於蒲草中，從春和之氣藹然而重扶起睦州之家風。第四句，引籠在如斯暖處，二十年間掩門，絕斷他人之往來，悠然在於溫蒲之內居而取氣於睦州。「白雲長滿目，芳草自知心。」抄云，「昭州」者今之潭州也，佛母堂在焉。又云，案廣南西路二十四州內有昭州，潭州者荊湖南路九州內也，未知何是也。

天童知客

知客職在接賓客，故句及茶。

月團秋碾鄞江壁　蟹眼松翻萬樹濤
苦口為他門外客　可無半箇齒生毛

第一句，「月團」是茶之名也。抄云，天子之茶謂龍團，諸侯之茶謂月團。鄞江在明州天童山前，蓋鄞江不必以茶為名產，其為天童知客故云。案以綠茶擬江岸之蒼壁，以江月為茶名之月團，即「月團秋碾」者秋江上之月如月團茶，如在江上之蒼壁碾出，此句以加「秋碾」二字拈弄天童之團茶。此舉一句茶之本則而又有一句中有本則有著語，句中之本則是「月團」，而「秋碾」以下為著語之錯綜法，實是難解之句。正是本則著語之體，偈頌之本格也。句中有主伴，須細甘味之。第二句，對上之茶的本則來形容述其煮湯，其泡如蟹眼，其聲如松風之翻，是如松濤之聲萬木相呼應，此句即全體之著語，承第一句茶之本則句也，而亦是句中之主伴。「蟹眼」二字是沸湯之本則，松濤、萬樹乃著語也。詳細甘味就知之。第三句，「苦口」是叮嚀懇篤之義，此偈是知客以茶來接他方來之衲子唱的，因以苦口的茶味來轉唱之句也。以苦口之茶味叮嚀懇篤地接待他方來的門外客。但第四句，「齒生毛」乃是板齒生毛之方語，譯為說不得，又譯謂不思議奇異。僧問趙州如何是祖師西來意，州云:「板齒生毛」云云。受了苦口的款待,可是客中並無一箇半箇板齒生毛的奇特人物。亦可解為,受了苦口款待之意,都沒有半箇人物感受說不得之意亦通。此偈第一句是提起茶,第二句以承沸湯,第三頌出本題之知客,第四及至來客之品評,以知客人物結之。句句警妙衲僧家之文字正是如此。

百雁圖

蕭蕭蘆葦亂斜暉　倦翼沙頭斂影時
百念是如秋水冷　不知何處稻粱肥

第一句,「蕭蕭」是寂寞之意。雁是住於有葦之邊之鳥,畫有蘆雁之圖等,畫雁必須添蘆,此圖有秋暮之氣氛故,蘆葦亦半枯與似乎物淋蕭蕭被斜暉夕日所射,頌其被風吹之亂姿之處。第二句,其蘆葦草蕭蕭的荒涼之秋暮,雁飛終日而倦疲,羽翼影水斂影,有立、有未降的種種形態之描繪,扨對此圖具有興起了宋末之歎。趙宋之天地都是蕭蕭之勢也,賈似道等佞奸滿朝,陳宜仲相次誤國事,前有江萬里、葉夢鼎，後雖有文天祥、張世傑，復無如何辦法。天既傾宋鼎，如蘆葦秋暮之荒涼一樣，又祖庭秋晚共國蕭蕭也，清修冰懷之衲僧高德亦皆如雁之收斂羽翼落於零蘆之中，晦跡於深山幽谷。此偈含有無限之概歎。第三句，就百雁而頌百念，既是秋暮之事秋水冷也，百念如此冷腦，眾生濟度之念願亦隨而冷，謂何呢？國土將亡也，民亦將無也，度生之念願於是乎冷淡也。第四句，杜子美以「君看隨陽雁，各有稻粱謀」詠之而相反。圖中之雁都不知肥稻粱之處而頌之以感慨萬千，宋之社稷已亡即百穀無種處，故云「不知何處稻粱肥。」全篇以感慨成之。

人之江西

由建康之石頭城往西。

石頭風雨半淒涼　李太輕曾喚帝王
行腳蹈穿無耳履　未應容易掛龍牀

第一句，石頭城是江南也，「凄涼」是荒寒也。今江南之諸叢林屬半荒廢，此人由江南往江西，依之述其江南的風物之荒廢如斯句云也。第二句，南唐之李昇據在江南稱帝，由後晉之天福二年至宋之藝祖之開寶八年幾乎四十年而亡，原來他是僭偽之帝王，故云「輕曾喚帝王」述之。「李太」之「太」是適子呼為老大等之稱的慣例。這是俗說，求見其典據，不可置信。蓋止於我國之俗語某某老大的助語而已。前年李昇僭偽稱帝王之處國之基礎不正，成為國都不過三、四十年，早既如斯凄涼荒廢，實不堪令人慨嘆。第三句，「無耳履」者飽參底之人所穿之履也，其耳者通履紐之處也。為行腳而蹈破云無耳，此行腳蹈穿之履，真是貴重之履。衲僧蹈渡江湖幾山川，二十年、三十年登靈山尋名師，雪苦霜辛為道拋擲頭腦骨肉殆盡，經大死一番底之後，始初得真的衲僧之新生。古云，人三日不逢即刮目相看，非吳下之阿蒙者。今之衲僧若不穿到無耳履是不容易的。第四句，哀州木平山開祖真寂禪師，諱道善，嗣法蟠龍可文和尚。南唐保大八年李帝聞師道望詔刺史邊鎬起師赴闕，師堅辭卧不起，乃具飲飯食強引登舟遂載至金陵，召見左右曰：「禪師萬歲。」師仰顧帝曰：「人生百歲七十者稀，莫他瞞。」帝問：「山中幾眾？」師曰：「僧少。」初寺僧謂師曰：「上若問山中人數須多說，必有賜田。」而師既以實對。帝笑而嘆曰：「此善知識也。」延入便殿加以師禮，囑曰：「見臣僚勿言寡人拜師。」師微笑曰：「貧道求一浴。」帝曰：「便取。」遂脱履掛龍牀之角，以浮瓶盛水於前，帝顧盼，失師所在，少頃自瓶中引頸而出曰：「陛下見臣僚勿道山僧在此澡浴。」帝駭然云云。此句之意是飽參底衲僧之無耳履是不容易掛於帝王之龍牀的，況江西人民等無論如何地歸仰，亦不容易許他長久的，些子不可與之的鹽梅也。鑿空氏曰：萬両黄金輕似葉，吾納一句重於山。舊抄云：掛履比掛冠。俗解也，不可從。

四明古帆遠和尚

嗣法石門來，石門來嗣大川。宗派圖石門下無古帆。

達磨

至今聲價重叢林　莫道神洲無賞音
自是鳳凰台上客　眼高看不到黃金

第一句，梁之普通元年達磨西來，迄至今日中國四百餘州之叢林其名譽重而聲價高。第二句，《祖庭事苑》云：達磨初觀赤縣神洲有大乘根機云云。《立世阿毘曇藏》卷二云：四大洲各有八洲圍繞，南八洲曰牛洲、羊洲、椰子洲、寶洲、猴洲、象洲、女洲、神洲。《張衡遠圖》云：「崑崙東南，有赤縣之洲，風雨有時，寒暑有節，苟非此土，南則多暑，北則多寒，西則多陰，故聖王不處焉」云云。因中國當在印度之東南，東南是赤色也，故云赤縣。未知正確之典據，舉以上之典實，指中國為神洲。梁之武帝與達磨問答而不契，達磨則拂袖而去梁，不能說中國四百餘州無知音，亦有慧可二祖、道育、尼總持，豈「無賞音」者？第三句，達磨始逢梁之武帝處即建康府之保寧寺，亦即當時之鳳凰台，「自是」二字乃呼起後句之辭，自然是曾為鳳凰台上之客時之義也。第四句，梁武喜歡印度僧的達磨來，請於鳳凰台，問聖諦第一義，達磨答以廓然無聖，再問對朕者誰，而答以不識。此問答不合帝意，故達磨去梁往魏，在嵩山少林寺面壁九年不見人。畢竟達磨眼高，見梁武不值其信仰，達磨之眼是一眼空了大千沙界，梁武這輝煌如黃金的帝位，如芥子般亦不入目，眼中有什麼帝王，自然是眼高。梁武不契，故曾云「神洲無賞音」之意也，故用「自是」之虛字做第三句之呼起法。

四明雲外岫和尚

師諱雲岫，姓李氏，嗣法天童直翁，曹洞宗宏智下也，我南禪東陵永璵禪師之師。

憶母

胞衣瓶葬海南邊　匝地鯨波到眼前
有例可攀心未穩　蒲鞋賣不值外錢

第一句，「胞衣」是產兒時包裹之衣也，亦名胎衣。唐土之風俗，產後將胞衣腳緒等入於瓶內埋葬地中。雲外和尚生於南國故云「海南邊」，胞衣水者因胞衣埋於地下，經七、八年化為水，澄徹清冷，南方人以甘草、升麻和諸藥入瓶埋地，又經三、五年後掘出取之以為藥云。屬於他事因是奇聞故付載之。第二句，「鯨波」即洪波也，

「匝地」云者繞迴其地。見到大波打揚來眼前時，即思起母親廣大之恩深如滄海。第三句，昔時睦州織蒲鞋養母，乃睦州之時世境遇的不得已而織蒲鞋。今雲外已出家，若果如他織蒲鞋幹這卑賤的職工，還是心未穩也；若果以三寶物來養母，卻會增加其累業。第四句，「寧再織蒲鞋去賣，現在而言即亦賣不多錢，如何是好呢」的意思也。故云「憶母」。

天寧火後

明州之天寧也。元至大日本之延慶年間，日本人燒明州捴官府，延燎所及燒盡禪教諸寺院二百餘處。天寧寺碑文載此事，蓋倭寇也。

劫火洞然俱壞了　隨他去又不隨他
春風吹轉燒痕綠　樓閣依然有許多

第一句，「劫火」者，《佛祖統記·三世出興志》曰：「大三災者，一大劫終必一大火災起（如前賢劫成住壞空八十小劫為一大劫），如是經七大劫七火災。凡七壞初禪，復經一大劫，有一水災起，壞至二禪，如是七七火災，相間七水災，復經七火災，凡五十六番火壞初禪，七番水壞二禪，復經一大劫，有一風災起，總之為六十四大劫為大三災始終相。」以上依《俱舍論》。大隨法真禪師上堂，僧問：「劫火洞然大千俱壞，未審這箇壞不壞。」師曰：「壞。」僧曰：「恁麼則隨他去。」師曰：「隨他去。」其僧不會，持此語到投子，舉似，投子遂焚香遙望大隨禮拜云：「西川有古佛出現，汝速回彼。」僧返西川，師已遷化，復回投子，投子亦遷化云。乃以以上之典語，云天寧是被世界三大災之劫火燒壞了諸伽藍，「洞然」是形容火勢。第二句，「他」是指火，然諸堂俱隨火去歸烏有，但壞是壞了，這箇卻不隨他歸烏有去。夫大法是常住不變的。「野火燒不盡，春風吹又生。」第三句，冬天枯野之草可燒燼，但到春風吹進的時候燒根都會更一層生得綠油油的。第四句，七堂伽藍到了元都再復起許多，與昔年依然不變，本分是常住不變也。

悼性侍者

此侍者之死因有疑點。他是靈隱之侍者，由天童到靈隱而死云。或註云：似乎角鬪而死的樣子。別無其傳，題亦無變死之跡，只在偈中之語氣看來並非尋常的樣子。

三喚聲中負不平　興師百萬欲干城
誰知菡萏峰前路　削木書名有伏兵

依題可詳，此略之。此侍者拈弄國師三喚之公案，對於雲外之手段辛棘之極，無論如何要透過這公案，形容其憤激之處，故頌「負不平」，不可以為對雲外有不平解之。第二句，其憤激之勢恰似興起百萬大軍如欲破壞其堅固城壁一樣，亦即欲破其金城鐵壁一樣的三喚之則的氣勢。第三句，「菡萏峰」即蓮華峰。在靈隱，昔道生法師講經之地，亦云白蓮峰。「菡萏」是《爾雅》云：「荷，芙蕖，別名芙蓉，江東呼荷。」「其莖茄，其葉蕸，其本蓉，其華菡萏，其實蓮，其根藕，其中的，的中薏」也。到其白蓮華峰之路豈圓。第四句，被無常之殺鬼所抓，遂死龐涓殞處，如削木所書，有些子不注意就有殺鬼伏兵襲來，遂終於死。由初句之「不平」至「興師百萬」等的句勢與文字之照應，結句至孫臏之計的結構可思也。角鬪而死即請待後明。

憶錢塘

此地人物繁華，山川勝地天下第一都會也，靈隱淨慈在於此。

初心未歇憶錢塘　不為閑遊再渡江
自恨一生多癖病　四明山好懶開窗

第一句，雲外此時居於天童山，而憶起初生時生長的故鄉來，故云「初心」，懷思錢塘之心未歇也。第二句，明州在浙東，即有天童山之處；錢塘是在浙西，徒無事情都不便回去故鄉。大丈夫一旦立志出家為道，已經出了生緣之地何又顧及父母之國，故云非為閑遊而渡江的。第三句，雲外自恨我心，一生來謂何顧戀故鄉，習慣生癖如病痼疾難忘，云何心念未熟呢?第四句，「四明」者《福地記》云：三十六洞天之第九就是四明山，有二百八十峰洞，週迴一百八十里，名丹山赤水之天，上有四門，通日月星辰之光，故云四明山。接觸居在這如斯名山好景，還是不思開窗欣賞，與閉籠其中在憶念故山，是自恨吾之生癖未熟之所以也。

天台藏室珍和尚

諱正珍，嗣法倫斷橋，住雁蕩能仁寺。

寶山

號頌。

目前璀璨疊成堆　輸我清貧眼未開
空手來兮空手去　黃金留待愛人來

第一句，《彌勒下生經》云，有處有四寶藏，有處有玉璀璨，有處玉積成堆，其國清淨世界而人在目前不取之，滿眼不撿之也。由以上之典實成句，然以「寶山」為號，即目前玉光璀璨積堆，若是好濁富之人的確愛好的。第二句，如藏室即真是樂清貧，濁富是不掛在眼的，他們都輸這如世寶璨爛之不貧心了。今號〈寶山〉即以不貧為寶，或曰三寶山。第三句，昔首山念禪師，僧問：「學人親到寶山空手回時如何？」師云：「家家門前火把子。」僧於言下大悟，即今空手來，又回去亦空手去也，一物亦不攜，空盡六根六識玲瓏不染一點塵埃，以此處為寶山耶！第四句，咄咄，寶山何得留黃金，六根六識之礦空盡即真黃金也。有人愛此者速差遣之，今即侍其人也。此黃金以空手而呈出，以空手來持歸，請速請速。

處州石霜導和尚

石霜導，又作遵，又作燾，未知何是。嗣法珏荊叟，圓悟下也。

送日本僧

抄云，此頌東福開山歸朝之時，送行頌軸有之，今藏普門院。

眼力窮邊腳力疲　大唐真箇沒禪師
昔年海上隨船去　今日隨船海上歸

第一句，望了絕海茫茫萬里之國，窮窺眼力而行腳，故云「腳力疲」。第二句，黃檗斷際禪師之語云：「還知大唐國裡沒禪師？」今此僧往宋國南詢行腳，敲盡無準之室內，遍參名山靈刹之諸善知識，若果已罷參底之漢，即如黃檗之所見大唐國裡沒禪師的境界是真箇徹底者。《善住意天子所問經》云，天子問文殊曰：「何等比丘得名禪師？」文殊曰：「於一切法一行思量所謂不生，若如是乃得名禪師。乃至無有少法可取，不取何法，所謂不取此世後世、不取三界，至一切法不取，悉不取，謂一切法悉無，眾生如是不取，得名禪師。無少取非取，不取於一切法，悉無所得，故無憶念，若不憶念，彼則不修，若不修者彼則不證，故名禪師。」第三句，昔年由日本隨船便經萬里之海上出了故國，為求法來到宋國。第四句，今日又隨船經萬里之滄溟歸去日本，果然得到沒禪師之境界。鑿空氏吟曰：吾奴不識「錦囊重裡得青山暮色歸。」

上大川

大川普濟禪師，明州奉化人也。嗣法徑山琰浙翁，住靈隱。

客況寥寥倚暮寒　北高峰下鐵圍關
草鞋不用多錢買　眼底空空無別山

第一句，「寒況」者，客味，或云客情。石霜行腳在客情寥寥的淒冷上不厭暮寒時下的寒氣，出行到靈隱去掛錫。第二句，北高山是靈隱之寺後山，其山下之寺乞掛錫，但卻非常難於倚附，所謂鐵圍關之大川的玄關是像鐵扉閉鎖一樣堅固不能進入。第三句，雖此處不許掛錫，亦不及多費草鞋錢去尋訪他之師家。古人云一足進門推不回，無論如何堅固的鐵圍關非透過不可。第四句，石霜眼底空盡三千世界山河大地，沒有一點在他眼目中，況更有彼山有某和尚，此山有什麼和尚，全然不在眼內，只是一意參得靈隱大川和尚而已，故云「無別山」。「陽氣發處，金石亦透；精神一到，何事不成。」

天台中叟質侍者

無傳。

靈女照

龐居士之女也。常鬻竹漉籬以供朝夕，居士坐次問女曰：「古人道，『明明百草頭，明明祖師意』如何會？」女曰：「老老大大作這箇語話。」居士曰：「你作麼生？」女曰：「明明百草頭，明明祖師意。」居士乃笑。居士因賣竹漉籬下橋喫檏，女見亦去，爺邊倒。居士曰：「你作麼生？」女曰：「見爺倒地某甲相扶。」居士將入寂，謂女曰：「視日早晚，及午以報。」女遽報：「日已中矣而有蝕也。」居士出戶觀次，女即登父座合掌亡。居士笑曰：「我女鋒捷矣。」於是更延七日。州牧於公頔，問疾次，居士謂之曰：「但願空諸所有，慎勿實諸所無，好住世間皆如影響。」言訖，枕於公膝而化。

家貧固是計無方　肯怪爺爺少較量
河裏失錢河裏摝　笊籬贏得柄添長

第一句，家庭貧窮即分限安貧，固是別無求富的方法，清貧是龐家之本分也。第二句，當怪阿爺龐居士從來將家產投捨於西湖中，才變成如斯貧乏。那是不得長久較量箕盤的，此無量之捨福是世人所不及的，故云「少較量」。第三句，西湖裡將從來之福業的錢投捨後變成赤貧，居士即親手造竹漉籬令靈照女叫賣度日，對於業河裡的造業人是不著眼的，摝少分之淨財來充生活。畢竟如何？淨躶躶絕承當，赤灑灑沒窠臼。僧問雲門如何是祖師西來意云，「河裡失錢河裡摝。」第四句，「笊籬」即是摝籬也，「贏得」即賈得餘利。今在如河流之深的世人業欲深處，聊摝少錢是登天之難也，好似笊籬添這長柄在河中摝錢一樣，如斯之境界若非阿爺將家產投捨河中是做不到的。雖投捨了家產，才有令靈照女賺錢辛苦的機會。點檢將來盤裡明珠。

魚籃觀音

上卷末宗之偈有〈馬郎婦〉詳載其因由，以其嫁馬郎曰「馬郎婦」，以其攜籃曰「魚籃」皆一也。

沿門賣弄逞嬌容　多是無人著脫空
三月桃花春浪暖　錦鱗那得在籃中

第一句，菩薩以慈悲心腸來廣度無緣眾生起見，順眾生其口業身業妄想，將好魚盛於籃中，現出美容嬌色的嬋妍提籃沿著門門戶戶賣魚。第二句，醜美元來四大假合之皮相體也，若將其皮剝下即沒有美醜之分，其身死後肉體腐敗歸於地水火風四大後皆空也，是為「脫空」。眾生多為色身而執著，不亦元來是空，菩薩以方便身現美麗嬌容，賣其適順眾生所好之魚，其不得脫空真理的眾生亦自然順菩薩之美容發了菩提心，「著」字得之義也。第一、第二句是或多不得脫空之眾生隨順菩薩之方便，終於蒙其度化，可添此餘意解之。第三句，《水經》云：鱣鮪出鞏穴，三月三日上龍門，登得為龍，否則點額而還。以菩薩方便威神力，強業難化之眾生盡其度脫之處也。從來之宿業消滅其愉快情況，恰如三月桃花開，迄此之苦寒之冰亦溶解，春風駘蕩之時浪亦暖，活潑潑地如魚之踴躍。第四句，籃裡即眾生所居的地方，菩薩以方便力一籃中容下幾多眾生盡度了也。魚皆化為錦鱗，形當體變成龍，恰似眾生之化身轉登聖位，已不是從前之魚，非從前之眾生，如斯早已一超直入如來地，振鬣躍尾鱍鱍登龍門，遂化為龍上天，復非居在籃中的舊窠窟者。鱣鮪，《詩經‧碩人篇》，「施罛濊濊，鱣鮪發發」云云。

天台方菴會和尚

無準下住雪竇，文琇增集《續傳燈錄》不載。宗派圖為雪竇方菴智方。未知何是。

孤舟

一舸玻瓈凝復流　絲綸慵把觸鰲頭
來時無伴去無侶　蓬底羞看月半鈎

第一句，來子儀題，王子猷訪戴安道圓詩云，「四山如玉夜光浮，一舸玻璃凝不流，若使過門相見了，千年風致一時休。」此詩之承句中，「不」之字，是替「復」字，取以為起句。「玻瓈」是紅水色云。「不流」是佛法不流通，因不合義故改為「凝復流」。「舸」是大船之意，但此句可看為通常之船。特殊是「孤舟」也，孤舟乃其目已悟後之境界，在於水邊林下堅定地養自己居之。第二句，《列子・湯問篇》云：「湯又問：『物有巨細乎？有修短乎？有同異乎？』革曰：『渤海之東不知幾億萬里有大壑焉，實惟無底之谷，其下無底，名曰皈墟。八紘九野之水天漢之流莫不注之而無增無減焉。其中有五山焉：一曰岱輿，二曰員嶠，三曰方壺，四曰瀛州，五曰蓬萊。其山高下周旋三萬里，其頂平處九千里。山之中間相去七萬里，以為鄰居焉。其上台觀皆金玉，其上禽獸皆純縞，珠玕之樹皆叢生，華實皆有滋味，食之皆不老不死。所居之人皆仙聖之種，一日一夕飛相往來者不可數焉。而五山之根無所連著，常隨潮波上下往還，不得蹔峙焉。仙聖毒之訴之於帝，帝恐流於西極，失群聖之居，乃命禺疆使巨鰲十五舉首而戴之，迭為三番，六萬歲一交焉。五山始峙而不動，而龍伯之國有大人，舉足不盈數步而暨五山之所。一釣而連六鰲，合負而趣皈其國，灼其骨以數焉。於是岱輿、員嶠二山流於北極，沉於大海，仙聖之播遷者巨億計。帝憑怒，侵減龍伯之國使阨，侵小龍伯之民使短。至伏羲、神農時，其國人猶數十丈（註：十五鰲龍伯國皆寓言也）。』」東方朔《十洲記》，西王母說八方巨海中，有瀛洲、祖洲、玄洲、炎洲、長洲、元洲、流洲、生洲、鳳麟洲、聚窟洲，並是人跡絕處也。三島：蓬萊、方丈、瀛洲也。以上是「鰲」之註也。此句是孤舟故沒有濟度巨鰲或鉅鯨等之大身眾生之心。只無心任流徜徉之意。抑出格之衲僧皆受國王大臣之皈依，住持名山大刹，拈槌豎拂，接來學之作家，可以釣巨鰲鯤鯨，此僧反之孤舟是如玻璃一樣守自己法性，浮於清水任其飄流，不垂釣絲觸及鰲頭。「慵」是不敢為之辭也。第三句，獨立獨步之境界，修我事，行我事，我自為也，沒有等待何人，故云去來無伴侶，如古人堅定自守如此，元來生時無伴侶，獨自生來死去時亦無朋友，獨自死去，修行走路不邀任何人，獨行獨往，守自己本具之德，自己薰發，若有所化之人從學即任其所望。畢竟如何？實際理事不受一塵。第四句，「蓬底」即舟之苫也，言舟內人也。「月半鈎鈎」者，半月如鈎之形雖映在水中，深思之是對機之方便肝要也，無心之月映入江水時形如鈎，對江之物即鈎，然不垂絲綸不慵任何方便，對月而言甚可恥之事也，又返照自己。此偈雖以他人為號頌，實方菴自入孤舟之境界頌之也。見其題確有親切感，此之謂全權全主。

人之江陵

「江陵」者南國也，《勝覽》江陵府湖北路也。

塵消六國古風清　嗜富愁貧復戒程
沙漠金聲孤客枕　胸中莫易起閑兵

第一句，「塵消」者，戰場之煙塵已消而國治也。「六國」是春秋後戰國之六國，韓、魏、燕、齊、趙、楚也，加秦為七雄。其中秦、楚、燕是春秋十二諸侯中舊國，齊是田氏，韓、魏、趙出於晉；此四國是戰國之新國。今言「六國」即指七雄時，戰國之時為六國，除秦而稱為中國之常語。註云，亦指六朝。六朝是南朝有晉、宋、齊、梁、陳五朝，北朝有魏、西魏、東魏、北齊、後周之五朝，隋南北併吞為六朝，雖南朝弒奪難免，大統相承之為正朝，北朝是潛偽互立之為閏朝。無論六國、六朝，以此偈無同異。唯文字云「六國」，故取戰國之六朝，其六國之時務以合從連衡之計以攻伐為賢。如斯戰鬪之煙塵已消，六國都如其昔日周時之盛治國平天下，故云「古風清」頌之。蓋六根門頭有色、聲、香、味、觸、法之六賊入來為寇亂，以修行三昧勇猛精進力，消滅六賊之煙塵始得心王之都清平，此為本然之古風清云。第二句，六國之煙塵已消盡成太平，但人之情欲是不飽足的。猶嗜慕此上之富貴，愁我身之貧，會起了往南國之江陵去找機會做點事得益之心。此是借戰國與和平用來譬諭修行者。夫衲僧家是平定了六根門頭覬覦之六賊之破曉，乃脫了生死之大災厄，由是自麤入細，非去滿足自利利他之行願不可，嗜富乃是欲求法寶之豐饒，愁貧是恐見地之不足，須備有行腳於他方與戒程，旅行中注意水土之不馴，「戒程」即送行之心切義也。第三句，此時宋國之末。元之兵不覺起來侵宋，故言沙漠之金聲即元之北兵在邊境沙漠之處喧鬧，然干戈之聲或鐸鈴緊急示知寇賊之聲響入孤客枕邊，應須注意其途中之危險，此即戒程也。心王已清平復有六賊之境來奪之示也，不可不注意也。第四句，六根六賊已清平，胸中治安之今日外境之金革鐸鈴聲音請勿驚恐，而容易被其起了妄想閑兵，此皆依「戒程」二字所轉化之句。蓋得法修行之甚深誓願雖純一無雜，亦勿以誇自己之見處非議諸方之善知識，大語高音不敬先輩高衲尊宿，否則與婆羅門聚會無殊，此乃亦修行者之一惡病也。又走名聞為名山靈境之住持，與高位官長眉毛廁結傲然自謂名僧自尊，亦是修行者之一病也，此皆是我見之賊潛入胸中，觸其境而起官兵者也，夫心王之都成為清平至治，句為其上傲慢名聞所起，須備戒程為是。

東洲瑞藏主

嗣法虛堂，住天台萬年。或云諱惟俊，宗派圖，萬年東洲惟俊瑞後改俊。

月江

長天粘水水粘天　一片冰輪上下圓
千里清光流不盡　曉風吹上蠶公船

第一句，頌月江之胸宇清朗心境一如之趣。「長天」即對「江」字之熟字，映在長江之天故云長天，固非天有長短。「粘水」即水與天相接之形容，「粘」字即魚占切，音嚴也；元為女廉之切音。故改從來之訛音讀法，今此讀之。粘即相著，又糊也，又膠粘亦是熟字，下之粘是「黏」之俗字，同字同義也。如王勃之句，「秋水共長天一色」之處云，天又緣於月，水緣於江，即頌一句「江月」之字。第二句，「一片冰輪」

亦是月，此水月一如之境界是上自佛界下及眾生，上下一圓通也。又以號來詮者，上是月，下是江，水天一如之當體也，天地與我同根，萬物與我一體。第三句，由「長天」之字來照應而詠「千里清光」，即緣「月」字，「流」緣「江」字，江水滾滾而千古不盡也。明月亦夜夜年年千古不盡也，即是佛性心地玲瓏而千古不盡也。而「流」字活潑地顯不盡之妙。動中之靜，靜中之動，自然全篇活脈，此之謂行雲流水云。第四句，「曉風」即知是破曉之月。明月在中天，述其通夜玲瓏之趣，「奯公」即巖頭。此偈與巖頭似乎沒干涉，但此江月謂提上起見，若用尋常之船即偈無精神會落凡句，故案出昔時渡巖頭為守之事，用自己之清光破曉之月以曉風吹上，詠出巖頭之胸襟玲瓏之趣，借古人之機緣添加一段精靈之氣，作者之腕力也。《祖庭事苑》云：巖頭「遭會昌沙汰，著爛衫、戴席帽，遊諸聚落。乃於洞庭之別港艤舟其下，兩岸置板，人欲過即扣板以召師，師舞橈而渡之」云云。又奯公當作豁，巖頭名全豁。禪錄有奯上座，臨濟之嗣子也，非巖頭。

淨頭

掃地裝香，換籌洗廁，燒湯添水，須是及時。稍有狼藉，隨即淨治，手巾淨桶點檢添換。凡供此職，皆是自發道心云云。詳在《敕修清規》，日用軌範。

觸邊明淨淨明觸　一種工夫貴肯人
笤箒用來隨日禿　塵埃難上簸箕唇

第一句，邪正一如，染淨不二，頌此無明即菩提之端的。「觸即摸著屎尿等不淨，凡作淨頭之人要明其不淨而清淨之，就淨邊亦要明，若捨置即成不淨，故明解「觸邊」反為淨，明解淨邊即不厭觸不淨，取除之歸淨，至其徹底處，淨穢本一如也。第二句，其淨觸一種之工夫是淨穢兩頭敲成為一種，所謂至打成一片之地，貴在肯其本源之人。何故淨觸其掃跡本地風光清淨法界也。第三句，「笤箒」即除塵埃之器，時時日日用笤箒隨而變禿。衲僧家時時刻刻修行，掃盡念念塵埃之生的曉時，笤箒亦壞禿復無掃塵之物，至此處亦無塵可掃，淨穢共放下了。第四句，「簸箕唇」即取塵之器。掃箒亦壞禿淨穢共放下以上，亦無盛塵之簸箕唇的時，亦無必要再掃除六塵之勞了。本來無垢之淨頭也，此之謂無功用之地云。

天衣生緣

天衣溫州樂清縣人也，諱義懷，嗣雪竇，尺之陳氏子，世以漁為業，母夢星殞于屋除，及產多吉祥。兒稚坐父船尾漁得魚付師貫，師不忍私投江中，父怒笞詬，甘甜之不介意。長遊京師，依景德寺為童行，天聖中試經得度，後遇言法華撫師背曰：「雲門臨濟去。」東遊至姑蘇，禮明覺於翠峰，入室次覺曰：「恁麼也不得不恁麼亦不得，恁麼不恁麼總不得。」師擬議，覺打出如是者數四，尋為水頭，因汲水折擔忽悟，作投機偈曰：「一二三四五六七，萬仞峰頭獨足立，驪龍頷下奪明珠，一言勘破維摩詰。」覺聞拊几稱善，後七坐道場，化行海內。

長空雁影沉寒水　老去病深無奈何
土肉不醫山骨瘦　鶴峰溪上夕陽多

第一句，天衣住楊州鐵佛時，上堂曰：「雁過長空影沉寒水，雁無遺蹤之意，水無留影之心」云云。又《林間錄》案之，是天衣來逢雪竇時之語云。雪竇聞此語拊髀嘆息，遣人慰之。不知孰是真結局。此第一句是取天衣之語來提撕者也。此句述其生緣之地之趣，雖天衣之境界為生緣之地，但如雁由長空翔來其影不留在寒水，水與雁影有因緣，雖映影飛去不留蹤，詠天衣淡然泊然無心之境界。第二句，天衣老後身病而靜養於池陽之杉山菴，有第子云智才者，住臨安府之佛日山，智才迎師自杉山來其住處奉侍，於此遷化。遺偈曰：「紅日照扶桑，寒雲封華嶽，三更過鐵圍，拶折驪龍角。」故此句只述其老病。第三句，天衣是箇瘦者。《僧寶傳》：「懷清癯，行步遲緩，眾中望見，如鶴在鷄群。」如斯癯容之人，與其生緣之地相當，山骨露而癯。「土肉」者山之土云。山是年年逢風雨土肉落而癯，天衣亦老來殊為病而衰癯，恰似山骨露出癯瘦，如何之名醫亦無法醫治，以其生緣之地來形容天衣，可知其孤危峭峻之相貌也。第四句，樂清縣有雁山四十九盤，有駕鶴峰，有駕鶴溪。第一句之「長空雁影」亦自是用機緣字，今東洲來此處，覩其山川風景思起天衣之相貌，鶴峰之山骨峭峻形態。可想像天衣之風采有餘也。殊為老病之形態恰如山山峰峰之帶夕陽，「多」字添得感慨無量。

四明一關溥首座

諱德溥，嗣觀物初，住大慈。宗派圖為物初下。《續傳燈》為大歇下，不知何是真。

梅巖

號。

臨機道箇百雜碎　三十六牙渾帶酸
不立孤危峰峭峭　斷崖無路雨花寒

第一句，龐居士參大梅機緣語也。居士問曰：「久響大梅未審梅子熟未。」大梅云：「你問何處下口？」居士云：「百雜碎。」大梅展兩手云：「還我核子來」云云。提此機緣語來頌「梅」字，故付以〈梅巖〉之號云。「臨機」舉此梅子之話頭，一口嚼破云「百雜碎」，隻言片片粉粉。第一句，「三十六牙」即滿口之齒，三十六牙是大人相，佛有四十牙云。梅子百雜碎是隻言及至還不够，早已帶了三十六牙滿口酸氣津液生出。以上二句就梅實而頌是古意也。《詩經》亦〈摽有梅〉之章，詠實而不詠花，花之賊是梁宋以後之事。宋武帝之女壽陽公主，人日卧於含章殿簷下，梅花飛來落在公主之額，拂之不除，自後謂之梅花粧。又梁之何遜，為楊州之法曹，廨宇有一株梅花盛開，何遜於其下吟詠云云，此頃起有詠梅花事。中峰云，梁宋以前曾無所，羲皇而上有此人云云。第三句就「巖」字述之。有梅之巖雖不是孤危嶮峻，但不立其機鋒處自然見出峰峭峭的機鋒。第四句無孤危峭峻而有機鋒峭峻之處通常人是不能倚近的，此句就斷崖始出花，俱結〈梅巖〉之號收之。扨此之梅花在處是寒巖冰雪人跡不到無路筋之處也，只有梅花盛開香氣紛紛，恰如降雨，前有須菩提巖中宴坐，天花亂墜之事，亦有引用，請看之。

三山敬叟莊香尚

了菴

號。

絲毫淨盡一不立　一擊元無眼裡沙
昨夜風敲門外竹　也知賊不打貧家

第一句，詠「了」字。不立絲毫，萬端休歇畢了之境界也。衲僧家之修行是消了有心之境，消之了之，其了盡去之處則不留絲毫之妄想，故云「淨盡」，淨盡了煩惱之染污，不復立一。一「絲」即目見不到之微細云，「毫」者即毫末見不到之毛端尖處云。眼目即不許毫端之塵故。第二句，香嚴云一擊忘知所，了菴亦參詳其擊竹話題，「一擊」而淨盡萬事，眼中有毫末之沙都痛得不能開，故如其眼裡無沙明快，即「了」字之義也。第三句，由香嚴擊竹之因緣轉化，云昨夜風來在門外吹竹葉，聽見如敲竹枝之聲。黃魯直之句亦云，「忽憶故人來，壁間風動竹。」了菴門前雖風敲竹，但了菴已是萬事淨盡不留一點許，決不用人來尋訪。第四句，固無任何的了菴之家不覺有賊等來侵，六根門頭淨盡去，以上復無六賊之覬覦也。

人之沔水

《勝覽》漢陽單沿革，禹貢荊州城在天文，為翼軫之分野云云。晉陶侃為荊州刺史，鎮沔口，即此宋齊梁因之，後周於此置復州，隋改為沔州，以沔水為名，尋復為沔陽郡，唐置沔州，周世宗以漢陽、漢川二縣置軍國朝嘗廢為縣屬鄂州云云。又云鄂州郡名，鄂渚在江夏西黃鶴磯上三百步云云。是巖頭遭會昌沙汰為渡子處也。

小朶峰前絆草鞋　　巖公帆掛待君來
風休水面平如鏡　　下卻江頭過渡牌

第一句，「小朵峰」在靈隱，靈隱在浙西，此句是自杭州靈隱腳絆草鞋發足向荊州之沔水云。第二句，用巖頭之事來詠之。巖頭昔日在鄂渚為渡子，風靜時掛起過渡牌渡人，若遇風大時即掛禁渡牌。今此人往沔水，應過鄂渚，但當時荊州之諸高衲，如巖頭之作家前來喜迎，大概都掛帆地等待渡他。第三句，但此時風休波靜水面如鏡，可能無事地順帆渡過也。第四句，水面如鏡之日可知無恙往到沔水者也，不必再掛了過渡牌告知了，故以下卻江頭過渡牌頌之。咄，一句平地上起波瀾，敬叟之力也。此人有什麼言句在，向澄江鏡面之處，使洪波浩渺白浪滔天去？此間之評唱有讓具眼之衲僧，鑿空氏何取誣其私也。

私案：此僧是大歇底之人，雖自靈隱往沔水，可能不是去參諸方大德，雖有大德門在等待度其人，但此人已經大體歇心如止水無波，已是無功用境界，豈有可渡不可渡之分，枉諸大德之老婆心的樣子，是不是只是摸象而已。

四明閑極雲和尚

嗣法虛堂，住越之東山。文琇增集《續傳燈》，出虛堂法嗣，虛丘閑極法雲禪師。

松窗術士

「松窗」者，術士之道號也。

濤聲細細月生寒　六戶虛凝夜未闌
掇轉卦盤重點過　子宮卻在午宮看

第一句，「濤聲」即松聲也，松風如濤音云。月也冷潔自己看來感覺生寒的樣子，述其無心所見所感，向聲色頭上行，而不被聲色轉，濤聲自濤聲，月色自月色，法泉心境一如，因不被六識使喚，見了本來如然之境。松聲自松聲，月色之妙處。第二句，「六戶」即六根門戶也，所謂六窗亦相同，以平仄之都合而用「六戶」者，鎖斷其眼耳鼻舌身意之六根門戶，無心而虛凝，虛寂澄凝，心自成虛朗，如未到半夜時分，如水聲凝而不流動之時，詠其心境清寂其趣。以上二句依松窗之文字賦之。第三句，是箇術士因修卜吉凶之道學，以卦盤掇轉，取之轉之看其重打返之義也。第四句，「子宮」即北斗星也，「午宮」即南斗星也。星曆圖云：子是蟹宮之位，太陰之精也；午即位於蝎宮，太陽之精也云云。此句即言術士占吉凶不離差別之念，陰陽五行吉凶皆差別相也，若打破心相至沒有一點差別，吉凶邪正打成一片，凡萬法歸一，一亦歸何處，一亦不立。畢竟有夜就有晝，有晝就有夜，千古萬載不變。暗即凶也，明即吉也，明轉而暗，暗轉而明，千古萬古法爾自然也。然吉凶亦法爾，法爾歸一，吉凶無處可立。至此即子宮午宮絲毫不隔，吉凶本來有何差別？寄語向南看北斗。

賀南山侍者

「南山」者淨慈寺之山號，曰南屏山也。

大王來也主禮薄　萬福聲中客意長
佛口蛇心俱捉敗　六橋煙雨鎖垂楊

第一句，以侍者之機緣語來提撕。《碧巖集》第九則：僧問趙州：「如何是趙州？」這則在圓悟之評文中，趙州一日坐次，侍者云：「大王來也。」趙州矍然云：「大王萬福。」侍者云：「未到和尚。」趙州云：「又道來也。」黃龍南禪師拈云，侍者只知報客，不知身在帝鄉。趙州入草求人，不覺渾身泥水。以此則來打出「大王來也」，「禮薄」者此侍者不知本來之心王，只認見眼目之國王而已，敬我本來之心「主禮薄」云。趙州識得本來之心王故矍然欽敬，故答以「大王萬福」。「萬福」是對於陛下奉拜其御姿之美語，今多用萬歲大概是對皇帝之稱。若果是如現在之總統即不用此語，昔時對朝廷之上級官員即稱千秋，其萬福的聲中有冗長的貴客尊重之意，蓋主客是趙州之宗旨轉轆轆地自在的手段明之。第三句，趙州識得心王故云「萬福」。佛口亦不識，侍者不知心王，故輕率而言「大王來也」。蛇心亦畢竟由本來無差別之真際，提手即俱是敗闕，南山侍者自此皆放下著以上之葛藤。第四句，架在淨慈寺前之西湖之蘇公堤上之六橋的煙雨，鎖了堤上之垂柳楊樹有難言之好景色了，放下了大王來也之葛藤，以現成之公案頌出南山侍者之胸中無限好風光。蓋第一、二句舉侍者之機緣。第三句，以「佛口蛇心」之褒貶語來取除一、二句之舊葛藤機緣斥伴立主，以六橋之煙雨來示南山侍者現成本分之境界也。是一體裁也，以為法也。

蜀革轍翁和尚

絕學眾寮

絕學新題墨未乾　信知宗匠不相瞞
五間屋下從頭看　那箇柱根無磉盤

第一句，「絕學」是眾寮之額也，新書故云「墨未乾」。第二句，永嘉禪師之《證道歌》云：「絕學無為閑道人」，眾寮題此絕學即信其宗匠與其學者親切的機關，令學者感知相瞞不著之義也。第三句，「五間」即眾寮之間數，始自仔細看其家下。第四句，看其眾寮下有沒有幾箇無基礎的人，那箇之柱根下皆有磉、土台石之盤皆踞置著，此眾寮之學者第一非具有根據堅固不可，故云「絕學」，有根石之定了，實是宗匠之感人者也。

鑿空氏曰：夫學是至絕始大成，不然即以其學為我見器具，遂而誇大非議他人，寧如不學為勝。抑學文則拘泥言語章句，學禪則墮在禪境，彼誦文之法師，暗證之禪那等，皆停住其所學，不知融通處之輩也，之謂偏執外道云。諸道俗冀抽一頭地，著其高眼以至絕學無為。更寄一語曰：「握土成金猶可易，變金為土卻還難。」

橘洲塔

離離秦望土三尺　埋沒岷峨玉一團
三拜起來揩淚眼　越山只作蜀山看

第一句，「離離」是土之重疊形貌。秦望山是在越州域南，秦望山是越州眾峰之傑云。其山中有大蘭山，是曇橘洲塔之所在，秦望山是昔始皇向東望方士由蓬萊歸之處云。第二句，岷峨在蜀。岷山在成都之西，峨山在成都之西南，即峨眉山也。杜子美詩云：「珠玉走中原，岷峨氣悽愴」，即是此。故以「岷峨玉一團」被埋沒詠之。

橘洲是蜀人。第三句，述禮塔之儀。於塔前三拜而慕橘洲之德，惜其人而流淚，嘆息今日難得的如此宗師，而揩取其淚痕。第四句，橘洲禪師之高德所感，越州之秦望山當體亦看做蜀之名山了，抑橘洲之全身滿宇宙，何有越蜀可擇？「百尺竿頭進一步，十方刹土現全身。」

四明竺卿章藏主

住象田。

深居

大梅常禪師頌云：「剛被世人知住處，又移茅舍入深居。」此篇舉大梅深居，戒羞今之未得謂證之徒，唐詩舉古譏今之例也。

窮勝極幽不記程　隔林隱隱一雞鳴
誰家門戶無關閉　累我風前子細聽

第一句，移居於深山幽谷，探其勝景幽遠之極處，述其不感路程長遠。第二句，愈愈探行之間隨之聽到隱隱雞鳴之聲，然對向隔著林木之處是什麼人居住著，山中猶是俗人在，所以養著雞，猶覺些煩累也。第三句，看來是如何地路路處處人煙稀疏，以風俗質樸而沒有居家的標札、不知是誰家門戶開放盡關不閉、淵明所謂「門雖設而常關」，正【•】而常開，常關、常開此高致是相同，況其俗之樸質。此句用孟嘗君之雞鳴計來付解即索強附會，不可從。只可看為樸實之狀況可也。第四句，擇人跡不到之處擬尋此以移居，但雖然質樸，此處早已有俗人等住居而飼著雞，甚覺煩累也。可是樵屋茅舍山水清蕭之趣是甚叫我心的，故應第二句「雞鳴」而置「累我」二字，以風前之細聽詠之，其清致「風前子細聽」之，有雞犬之聲的累處，又寓有格別之真韻在。政黃牛之所謂：「為僧只合居巖谷，國士筵中甚不宜」，此境界也。一篇自今日望名山巨刹，戒澆季之弊風之意也。

絕照

號。

尋常純白見金烏　難話潙山撥火初
想是暫無秋月夜　未應滄海不生珠

第一句，「絕照」應是「純白」。「金烏」即日輪，如日輪之照也。潙山在百丈夜侍立次，丈云：「看爐中有火也無。」師撥爐來報云：「無。」丈躬自至深撥得一星兒，乃夾起云：「這箇聻。」，師於此大悟。提起此話題證為起句，是以異論顯宗之法，潙山撥火則夜分也，夜分是暗黑與照相反，故云異論也。白之反為黑，明之反為暗。通常之詞即句無力，由此提來潙山之話頭，舉夜間之事以反顯如日之昭昭的手段，且在第一句詠「照」字。第二句，是以反證詠「絕」字。第三句以下是「絕照」之功用論之，置「想是」之虛字，我想之處雖是暫時之間是無秋月的暗夜。第四句，亦如純白之金烏的玲瓏之照的作用，照徹天地，自然滄海之蚌胎亦會生珠。雖云明月蚌胎生珠，縱今暫時無月，已有照徹天地之功用，都會生珠八面玲瓏的。是即明示暗，即暗示明作略也。於是潙山暗中撥火大悟，秋月無處合浦生珠，詳參之至自己本然之絕照可也。

天台石橋思首座

無準下，嗣法斷橋妙倫。

虛道

廓然蕩豁是真空　擬欲推尋不見蹤
試向長安路上看　遊絲結網裹春風

第一句，「廓然」是虛空之大，洞開者也。「蕩豁」雖也同義，是廣遠平易不可法度云。四字共是詮「虛」字，其洞開廣遠平易之處為是真空。「是」字是就「虛道」之字詮解真空之形容句，元來虛道是以真空為居處，蓋真空是空而不空，妙有是有而不是真有。「色即是空，空即是色」之境界也。昔趙州問南泉：「如何是道？」泉云：「平常心是道。」州云：「還假趣向否？」泉云：「擬向即乖。」州云：「不擬爭知是道？」泉云：「道不屬知，而屬不知。知是妄覺，不知是無記。若真達不擬之道，猶如太虛、廓然洞豁，豈可強是非。」州於言下大悟云。此一句如此則提起出來，是為此偈之本則。第二句，欲擬推尋真空之本體，即本體尋之無蹤，故云「不見」，「擬」是議也，「擬欲」是希望去計度。此句可看作詮卻真空之著語，即本則之著語體云。第三句，就「道」字述之。上提舉了南泉趙州之商量，故此又用趙州之機緣，云「長安路上看」。堂是家屋，長安即建家處，由此引出暗諷「堂」字。今試向長安路上，述其看真空當體。僧問趙州：「如何是道？」州云：「牆外底。」僧云：「不問這箇。」州云：「問甚麼道？」僧云：「大道。」州云：「大道透長安。」用些典實云「長安路上」，古人用文字不拘，以為法。第四句，古句云，百尺遊絲墮碧空，年年長是惹春風。蓋遊絲是春陽之蒸氣也，天無其體，只有其名，譬世之虛妄，春風發生萬物，真空建立萬法，虛妄之遊絲的春陽氣中有包含著春風，是單真不立獨妄不成。真空之大虛是在含有萬法之靈堂也。

鼇空氏曰：此一偈乃號頌中之上乘也。第一句由南泉趙州之典實字來提撕，最初「廓然」之二字由初祖梁武對問出，而中間以南泉趙州之話取次之典實，收局之句由「百尺遊絲」之古句脫化而來。而「遊絲」是野馬也、塵埃也，依《莊子》之古典章出，真是如鑄造古鼎，後學須仔細玩味，以傚其顰。

拜和菴主塔

二靈知和菴主也。二靈山在明州東湖，山靈、水靈故名二靈矣。和菴主從南嶽辨禪師遊叢林，以為飽參，逸居雪竇前山棲雲菴，即是二靈也，志於道者多往見焉。雪竇主者嫉其軏已因郡守周舍人聞其名而問之對曰：「一常僧耳。」菴主遂題三偈於壁，徙居杖錫山。其一曰：「自從南嶽嶽來雪竇，二十餘年不下山，兩處居菴身已老，又尋幽谷養衰殘。」其二曰：「十方世界目前寬，拋卻雲菴過別山，三事壞衣穿處補，一條藜杖伴清閑。」其三：「黃皮裹骨一常僧，壞衲蒙頭百慮澄，年老懶能頻對客，攀蘿又上碧崚嶒。」宋欽宣和七年四月十二入滅，菴主黃龍下，嗣法東林照覺總公，又曾有偈曰：「竹筧二三升野水，松窗七五片閑雲，道人活計只如此，留與人間作見聞。」

十月小春黃葉天　拔貧來買二靈船
慇懃未屈黃金膝　冷地先伸紫蕨拳

第一句，十月十五謂之下元節，即「小春」也。此句指思首座來禮菴主塔之時，以「黃葉」來表示其地之勝景。第二句，思首座是箇貧僧，他拔出懷中之錢來買二靈之渡舟去禮塔。第三句，來到塔下慇懃鄭重地擬屈其我大丈夫兒之黃金膝致三拜之禮。第四句，可堪此秋的冷地上有伸著紫蕨。思首座擬將禮拜時，早已紫蕨豎起拳頭，是菴主之拳頭乎？可知其嶮峻之境界也。此句以趙州訪二菴主則來作結收。十月蕨薇會出，如暖地有狂花也。《詩經・采薇》篇似乎是冬天事。

水碓磨

古抄云，水碓、水磨二物也。碓者舂米而上下者也，磨者磨麵而運轉者也。又云：磨者橫引麵者也，碓者豎搗穀者也。此說與此偈相合。《羅湖野錄》黃龍忠道者，至舒州龍門遊步水磨所。見牌有法輪常轉豁然有省。說偈曰：「轉大法輪目前包裹，更問如何水推石磨」云云。

得如飛雪下千巖　下處如流上未甘
劈箭一機能兩斷　磨推西北碓東南

第一句，形容引水舂米麥，引麵米之機械，如飛雪由千米而下，急流之驀下如雪之碎落之景，棒如雨點曷似電翻。第二句，水之瀉落時，急而一方溜水隨機械轉而上，靜而甘也，而有甘澆的緩緩之樣子。此是《莊子•天道》篇之字，曰，「斲輪徐則甘而不固，疾則苦而不入，不徐不疾得之，於手而應於心，口不能言。」希逸口義云：甘滑也。第三句，「劈箭」是水之落弩箭之疾飛，其勢如物被劈推，運轉機械一機而碓磨兩斷，能轉轆轆地也。第四句，「兩斷」兩般也。磨由水之動機而推轉西北，碓依水之動機而搗東南，此句論釋一機能兩斷也。畢竟都是諭其西北東南自由自在轉法輪也。

杭州千峰琬和尚

法系者，圜悟、此菴、或菴、癡鈍、伊巖、千峰也。圜悟五世之孫也。諱如琬，載《枯崖漫錄》。

曉窗

或云號。

曙色纔分眼眼明　殘星無復透疏櫺
誰知竹屋茅簷下　尚有巢松鶴未醒

第一句，曙光微微東雲漸白也，詠其眼眼映目之處皆渡曉之景色。第二句，曉明之殘星被其光所奪而沒有穿透疏櫺之力，「疏櫺」即曉光微白之窗也。一句詠「曉」

字。二句即詠疏櫺「曉窗」。第三句，下了「誰知」之回顧辭。自己居在低處的竹屋茅簷下，誰知尚有聳立達千尺天邊的松上巢中之睡鶴，未被其曉光叫醒，如自己在竹屋茅簷下都覺得曉光四壁眼眼映明。尚且棲居於千尺天邊之松上的鶴，應該是已經夢醒啼吟著曉嵐呢？那有曙光清朗之曉，還有未醒之者之意也。鼇空氏曰：古人號頌不拘作，必有警發之寓意，如此頌亦同。第一句，曉色眼眼明者，即從來之無明暗夜中，起先開了一點本性之曉光。第二句，一旦已眼映本來之佛性的曉光以上，是這無明夜中之識情分別，就如閃爍的星光皆被曉光所奪，一點都不殘存。第三句下了謙辭之句，雖應是我這在竹屋茅舍之低下者所知的。第四句，千尺松上之鶴應該是在沖天而長嘆，憐其下界癡人之夢了。那有未醒之松鶴，鶴是本分之真性也，固無睡眼妄想也。至此，松上竹屋將撤去其上下之隔，消滅醒眠二境，下了「誰知」二字添得一篇之力者也。

漫遊記稿也。

題行卷

白蘋紅蓼岸邊秋　一曲吳歌轉得幽
此處有誰知此意　春風攢上百花毬

第一句，「白蘋」是水草也。《本草》云：水蘋有三種。大者蘋，其葉圓闊寸許，春始生；中者荇菜；小者水上浮草萍也。「蓼」亦是生於水邊之辛草，一名薔虞，其味辛苦，可以為多難之諭。今此篇專述水邊之趣，故可看做水邊草。第二句，「吳歌」即方俗歌，有轉其俚歌之野調的幽趣。日邦之越後節流亞也。第三句，如一、二句的江村秋寥之趣的記稿也。此意誰能知耶？獨存千峰高韻而已。第四句，「毬」是蹴踘之類也。採百花攢製如毬云。秋詩而用春風似乎不當，因是就百花毬以借「春風」之字來迄止形容共「百花毬」一句。其意是如千峰行卷之詩文貫花，攢其與春風競開之花一樣讚嘆其美麗章句也。

禪者求語

迢迢峰頂賺伊來　將謂春風巧剪裁
語又不玄機不妙　方方丈地定生苔

第一句，我在此邊邊的峰頂，一定沒有妙語妙句，不知何人欺矇了禪者態態來至此。第二句，不知我是不文的野骨，由春風百花爛熳一樣的心腸巧剪裁的文章。第三句，然都沒有幽玄之語，亦不能詠寫什麼心機的心之發動或微妙的風致。第四句，如斯無能無文的我，聞了虛名之修行者亦惘然斷掉受想，復無來者也，那麼此一丈四方之庭，定是繁生苔草，無處可倚附了。「法堂錢草深一丈」是千峰之宗旨也，有何人來求此宗旨耶？錦繡之文章非我事也。

送人

去去何須皺斷眉　不愁無處掛藤枝
西湖南寺與北寺　盡是大元國裡師

第一句，師家、家學者之間無因緣即不能悟，所以被其叱去亦不必皺眉煩惱是不能悟。第二句，「掛藤枝」即掛塔，掛塔是請叢林收容其修行。今又云掛單，選擇何處之師家去掛塔好了，決勿愁其無掛塔處，送人壯其行色也。第三句，今西湖之南屏之淨慈寺有虎巖伏和尚，北山之靈隱寺有雲峰高和尚，大慧下之歷歷名匠住持著。第四句，兩寺之大善知識皆之今日旭日之昇之勢，受大元國之皇帝皈依仰為國師，不可隨身於如千峰這樣孤寂山居鄉村僧，而加勸鞭。竊案：此僧雖俊拔，露出望名山勝地的虛榮心自是機微。於是千峰有此送行之所以也。抑夫瑞芝蘭巖谷下發幽香。名園昔花瑤草雖美，固無真韻，懶瓚青銼是真丘壑之夔龍也，豈可不欽仰也。

溫州損堂益和尚

嗣法東叟仲穎，東叟嗣法育王佛照，大慧下。

送人省母

寒蛩清夜響青莎　識浪情波起愛河
回首豁空千劫後　雨肥紅錦荔枝多

本錄云，涼宵蛩響古庭莎，一點情波起愛河。第一句，八、九月之時節朝夕肌寒也。深覺秋日荒涼，殊為夜間感覺寂寞的時候，青莎荒蕪之中響著蛩鳴，青莎前已陳過是香附子也。有催哀秋情之趣。第二句，秋之寂寥之處遂而思起故鄉之母親，識浪情波與五根之情或云六根之識即如波浪動出，愛是流道心淌積情累之河也，親子之情源乃恩愛也。六根六識之情波由愛河漲起，何其秋天荒涼有感衣薄之寒，雲水之身萬事物物不自在，更衣亦不及隨時出來，無端動了故園之情亦不無理由。第三句，「回首」即振回去看之義。「豁空」是單空。「千劫」有芥子劫與拂石劫二義。拂石劫者，《增阿含》譬喻之，即大石之縱橫方四十里成後有天人，百年下來一次，以三銖之天衣拂之，如此事幾億萬拂此石盡時為一劫。芥子劫亦類之。《智度論》云：方百由旬之城裝滿芥子，長壽之人過百歲持去芥子一粒，其芥子盡劫猶不盡云。總之是譬喻時間數量之長，此句乃回首去看天地未分以前之義也。其時我亦無父母亦無出生在此世，抑一心空豁有何處可見。第四句，「紅錦」是荔枝之色也，被雨露潤肥，長得非常美麗。「荔枝」是父母未生以前或以後之今日都不變，謂之現成底公案云。空劫已前至窮盡未來際，本來之佛性是與荔枝相同，年年雨肥而生得很多不變。去歸省此不變之母親之意也。蓋自第一句之無明荒草至第二句之起愛河識浪，第三句以道來空豁，第四句莊嚴現成之法身佛。可見古人著意之親切者也。下一語曰：「心外無法滿目青山。」

佛成道值雨

功勳及盡一星無　百鍊精金再入爐
不解慎初並護末　夜來風雨犯清虛

第一句，雖云佛是娑婆往來八千返，生生世世應現種種境界身，深結度生誓願之因緣。心境玲瓏而至無一點星許之勳功與功勳之習氣。第二句，如上娑婆八千返往來亦是生生世世修行積功，百鍊千鍛精而加精，於真屋再入爐鞴，六年雪山修行，已在臘月八日早曉徹見明星，霍然大悟得無上道取得正等覺。第三句，用貶語，「慎初」即娑婆往來八千返來修行，「護末」即生來淨飯王宮。猶入雪山日以一麻一麥六年苦修難行，其積功累德大徹大悟之境界，即如碧天玲瓏沒有一點雲滓，即今不解此境界者。第四句，一切眾生悉有具足智慧德相，當體玲瓏如清虛，否即然瞿曇生來，直即周行七步云天上天下唯我獨尊地放那麼不謹慎之傲語，遂而捲起了《華嚴》、《阿含》、《方等》、《般若》、《法華》等的風雨，在元來無迷悟之佛性中強起成道之禍亂，至今「風雨犯清虛」云，以抑揚法頌之。第一、二句是揚佛之修行熟達事，第

三、四是反之，抑下以其反對語勢來讚露其裡，謂之抑下托上法云。宗門偈頌之體裁也。鼇空氏曰：「倒把少林無孔笛，逆風吹了順風吹。」

郭璞墓

郭璞後漢末人也。傳云，璞有子不孝順，每事違背父言，璞將死自謂令葬山林，必葬江水，令葬江水必葬山林。誡子云：「我死必葬江水。」子云：「平生多違父言，臨死一言爭敢不順。」乃葬楊子大江中央崖石之中，是又違父之意。墳今在會山寺山門中，冷泉出於此墓間。

老樹垂陰鎖斷崖　潮生潮落露尸骸
青山自有土三尺　何事先生不伏埋

第一句，述其有古塚之邊的情景，老樹成陰在崩，鬱然鎖著斷崖。第二句，潮滿潮落長年之間屍骸定是被洗露了，郭璞之子殘留了千載之後的不孝。第三句，青山何處都有一坪或二坪葬郭璞之地。第四句，「何事」即暗示咎其子不孝也，先生郭璞不伏埋於青山，葬於今此被潮水洗流之古墳處，令危險其千載的安樂土者，不孝之過失也。

鳥窠

《傳燈》杭州鳥窠禪師，嗣法徑山國一禪師云云。後見秦望山，山有長松枝葉繁茂，盤屈如蓋，遂棲止其上，故時人謂之鳥窠禪師，復有鵲巢于其側，自然馴狎，人亦目為鵲巢和尚。師杭州富陽人，姓潘氏，道號道林。有侍者會通一日欲辭去。師問曰：「汝今何往？」對曰：「為法出家，以和尚不垂慈誨，今往諸方學佛法去。」師云：「若是佛法我此間亦有少許。」會通曰：「如何是和尚之佛法？」師於身上拈起布毛吹之，通遂領悟玄旨。元和中白居易出守杭州，因入山禮謁，乃問云：「禪師住處甚危險。」師云：「太守危險尤甚。」云：「弟子位鎮江山何險之有？」師云：「薪火相交識性不停，得非險乎？」又問：「如何是佛法大意？」師云：「諸惡莫作，眾善奉行。」白云：「三歲孩子也解恁麼道。」師云：「三歲孩兒雖道得，八十老人行不得。」白遂作禮。

布毛吹起禍重生　意在青雲白鳳群
危險寸心灰未盡　一湖春水綠成紋

第一句，「布毛」者，臀上之毛云。又舊衣服會看到豎起布絲故云「布毛」。侍者辭他即隨其去置之可好，多事地令他停住云吾此間亦有少許佛法，此已經種了禍根了，侍即動出禍機問「如何是和尚之佛法」，師即吹起身上之布毛，又重毛禍了。「禍」是貶語，用此來表示湛湛之性海強起了波瀾之意思也。第二句，當時人呼侍者謂白鳳兒，故鳥窠之意雖蒔了禍種，都為了要度多如白鳳兒一樣的有志青雲群類。第三句，又舉鳥窠之機緣，對於白樂天言和尚住處甚危險，答於太守危險甚。此四大假合之身亦不知何時會被無常之風吹倒，又今太守在顯官，不知何時會被罷免，如斯危險比老僧更加危險。白樂天問佛法大意，答以「諸惡莫作，眾善奉行」，雖大安樂之間而感服禮拜，竟否此心灰盡免危險呢？未灰盡也。第四句，此句波瀾廣大也，何以鳥窠說此灰心滅智之法也，這是度青雲之白鳳兒，度大學士大官白樂天，將一湖春水青青湛湛之湖水，起了纖漣而春綠自成紋，現成了常住不變，變中不動之美景。鑿空氏吟曰：若以西湖比西子，淡粧濃抹兩相宜。

寄淨慈

當時長老或東叟乎。

屏山千仞聳寒空　豈是尋常指示人
浩浩諸方上言句　草繩難把縛麒麟

第一句，南屏山即淨慈，長老之機峰峭峻如聳於南屏之寒空，壁立千仞無法倚近。第二句，如斯機峰峭峻不假學者，故尋常人不能倚近，固不與公案等指示，去掛塔者亦不理。第三句，浩浩廣大的江湖之修行者，呈奉言句或詩偈等，評商其宗旨都無效，不能髣髴。何者？只言句不是實解故也。第四句，《公羊傳》云：「麟，仁獸也。」麢身牛尾一角，角上有肉，不食生物，不踐生草，王者有道則麟出云云。《漢書》張揖註：「雄曰麟，雌曰麒。」又《終軍傳》曰：麟「角戴肉，設武備而不為害，所以為仁也。」如此靈獸用草繩縛之即不可能，諸方言句之草繩是到底無法繫縛淨慈之麟也之意。

寄復巖

東叟、栯堂法眷也。宗派圖為虛丘復巖克己。

相倚巖叢兩度青　不知何處闕真情
春風南宕重攜手　鴆酒一杯當面傾

第一句，相倚復巖之「巖」以來，已經有兩度之春云。巖下之叢林「兩度青」者，經二年之春的意思。第二句，不知往何處幾年不曾相逢，但知音之真情不缺。「不知何處」即不能度測之處，君子千里同風了。第三句，他日春風駘動之時候，登上淨慈之南屏山，互為攜手重來商量同參底的話即。第四句，東叟老漢喜歡的馳走之酒，是醍醐之上味也。如何的上味呢！即鴆鳥之毒酒，當面傾了一杯飲了一口，忽然全身中毒，從來之五蘊習氣之血鑵破裂，打翻了觔斗，這何其愉快也。

寄智長老

塵劫來來不覆藏　暖風晴日醉梅香
若非入草和衣輥　萬里胡城築更長

第一句，從來春是花，夏涼風，秋是明月、紅葉，冬是白雪。天地無私萬物有性儘其現成露堂堂也。天地萬物決不覆藏之處，過去久遠劫至今日，將來盡未來際法泉而在目前昭昭也。此之謂自己之靈光也。第二句，本年亦是歲盡而又春來，寒風如裂肌之寒亦忽而暖風和日。第一次即梅花知時而漏香來，成為此暖氣駘蕩即無人不覺氣爽，恰似被梅花所醉一樣的氣氛，是現成底之公案無覆藏之處，暗指長老之德香。第三句，「入草」即云長老之垂手落草談，落草即是向上語落於地上草垂方便云。「和衣」是穿衣當體，卧於臭穢惡草之泥塵的形態。「輥」與「混」相同。蓋此句用雙關法，入草是長老之垂手邊，以落草方便去接學者。雖是下根之漢都具足佛性，本來不覆的過程中迄至機熟親切來接之。「和衣」即學者之辛苦艱行，被師家之惡辣手段所觸，譬喻所謂卧薪嘗膽，甘於褸襤粗食的修行在徧現成了千古萬古不覆藏之本然真性，而漸漸堪盡了苦寒時節，至一陽來復之時，即長老之道德的梅香如春風一樣愉快地白來，至於暗香和了衣混入的時節。不然即第四句，昔秦之始皇為防北胡，築起萬里長城。但亡卻秦朝並非北胡，我二子之胡亥也。暗君在內亡其國，決非北胡外攻而亡國。抑萬古靈靈堂堂的真性，以長老之宗旨而徹見，非之以為主人翁而安於心內。即五千四十餘卷之經卷或盡學了世界中之文身句義，皆如萬里長城了，塵劫以來不覆藏底之歷歷之主人公亦無方跡了。鑿空氏曰：「劉項生長長城裡，枉用民膏築萬里。」

四明北山鳳和尚

國清寺

在台州天台縣北六十里，隋僧智顗，夢定光告曰：「寺若成，國即清」，故名，便是寒山、拾得所居處也，今名景德寺。皮日休詩曰：「十里松門國清路，飯猿台上菩提樹，怪來煙雨落晴天，元是海風吹瀑布。」

寺外便知山更好　清陰留我坐回欄
新生葉上看蟲篆　疑是寒山墨未乾

北澗之詩云：「有國清寺絕頂，更好亭下古梅」。詩云：「花開更好亭前枝，亭曰更好花更奇」云云。第一句，在寺中看山雖然好風景，但出寺外去看山共寺風光更一層奇也。第二句，「清陰」即寺之迴廊欄杆涼處，「留我」即氣氛好而不肯去也。

第三句，於新生之嫩葉上有蟲之蝕蹤如篆文。第四句，昔時云有寒山、拾得住此寺，可能寒山當時時時作詩書於壁上或巖石，或木葉上獨樂，或疑即述其興象。是否此葉還是寒山之書詩墨未乾？好像今猶在也。

蟠松

膚拆不塗龜手藥　枝蟠葉茂蠖求伸
聽他曲曲成樗散　斤斧無加勝大椿

第一句，老松故幹膚拆傷，恰似人之腳手被寒冬之風所吹浸於冷水當其儘還，依凍傷生了龜裂一樣，固是木類之松亦不塗其龜手藥。龜手藥者《莊子》云：「宋人有善為不龜手藥者，世世以洴澼絖為事」云云，就本書可知之。第二句，枝是蟠屈葉還之茂盛，其蟠屈之形恰似屈蠖作伸之勢。第三句，「聽他」是俚語不管之意。斯之枝幹臃腫蟠曲成曲曲彎彎，好像樗散木。樗散木是不中繩墨之物，不入規矩的不材之木，人皆棄還之物，這是道者之高風逸居處。第四句，以上之不中用物、不材故無人截來使用，不加斧斤故，勝過大椿這箇活得八十歲長壽的人，不論怎說小才子會被人調法者不能成大木也。

隱巖傑和尚

松源下，嗣法虛舟普度。

送僧看明堂

趁浙江潮早渡江　今年天子拜明堂
驀然鬧市裡識得　始覺全身在帝鄉

《孟子》云，「明堂者王者之堂也。」趙註云：明堂，「泰山下明堂，周天子東巡狩朝諸侯之處也。」《孝經》曰：昔「周公郊祀后稷以配天，宗祀文王於明堂以配上帝。」註云，明堂禮儀之堂，即周公相成王所以朝諸侯者也。《白虎通》云，「天子之堂高九尺。」堂之為言明也，明禮義。第一句，羈旅之忙敷云。拜明堂之大禮是有擇日排定者，故須趁浙江之風波未起之時早渡江可也，急出發之意也。第二句，《中興小曆》云，高宗以趙州治為行宮，會當郊祀之歲，行明堂大禮云云。蓋與隱巖時代有相違，或高宗以後追前例行明堂者乎。那麼今年決定是在行宮明堂之大禮者，早去拜觀好了。第三句，「驀然」即在此有雜無雜鬧忙之市街中，認識著自己之主人公之意也。夾山曰：「百草頭上薦取祖師，鬧市裡邊識取天子。」第四句，鬧市裡或錢塘之行宮亦好，天子是以四海成家，衲僧是以三界成家，就明堂而始覺知，我全身到處是帝鄉也，也是自己主人公之穩坐處也。

首座出世住靈巖

蘇州靈巖寺在城西二十四里，又名硯石山，有吳王之別宮「館娃宮」。

分得盧公月半欄　瓣香應合為渠拈

靈巖若是沒分曉　又是婆婆罵老暹

第一句，「盧公」即雪竇也。頌雪竇曾參龍牙之翠微臨濟因緣事見《碧巖》二十則，此不贅。或曰盧公是雪竇之小字也云，此意即言首座是雪竇下人，依之可分得盧公之月半欄云。「半欄」與「半檐」同，欄音炎，步廊也。即分得雪竇之境界也之意。第二句，「瓣香」者，瓣是瓜瓣之義，與一片香同義，其一片之香。「渠」即指雪竇，以被雪竇拈而出生於靈巖，表明師資之信。第三句，其意轉之言，首座出世於靈巖，若不分曉明其師資之義。第四，嘗云暹道者乃久參雪竇欲舉住金鵝，暹聞之夜潛書偈於方丈壁間即遁去。偈曰：「不是無心繼祖燈，道慚未廁嶺南能，三更月下離雪竇，眷眷無言戀碧層。」又「三十餘年四海間，尋師擇友未嘗閑，今朝得到無心地，卻被無心趁出山。」暹後出世開光，承嗣德山遠和尚，續通書雪竇。山前婆子見專使，欣然問曰：「暹首座出世為誰燒香？」專使曰：「德山遠和尚。」婆子詬罵曰：「雪竇抖擻屎腸說禪為爾，爾得恁麼辜恩負德」云云。以上引老暹之因緣，又是會如彼之老婆婆罵老暹還一樣被罵呢？靈巖分明，焚瓣香應於盧公雪竇，沒有其事也之意。

栢庭意和尚

松源下嗣法承天覺菴，覺菴嗣法雪竇大歇。

大覺塔

雲門下之尊宿。諱懷璉，字器之，漳州陳氏子也。嗣法泐潭澄，賜號大覺禪師，塔在育王山。

藤蘿密密鎖寒煙　一塔巍然萬象前
縱火不燒龍腦鉢　鄮峰高不到青天

第一句，大覺是仁宗皇祐中人，栢庭是宋末景定、咸淳以後之人，此間經有二百年，塔及墓畔之樹木陰森，掛生藤蘿自有鎖著寒煙之景。第二句，「巍然」即在高處之形容也，一塔萬象立於山河種種景色中。第三句，此句即大覺塔之骨子。大覺禪師昔時由天子遣使特賜龍腦鉢，禪師謝恩而後捧鉢曰：「吾法是被壞色衣，以瓦綴鉢為食。此鉢非法也，不可為後昆之所傚。」遂投入火中燒之。中使回奏，天子歎之不已。若無如斯燒龍腦鉢的具有向上法眼者，第四句，那有高聳到青天的育王山之鄮峰呢？「青天」即指天子宮中，蓋鄮峰在育王山。「鄮」是人之姓，非地名。略註云：詩有，抱布貿絲，易財也。在交互之義，或是貿地乎。

明白一點而言：若不是連天子所賜的鉢都不為貴重而燒掉的高雅氣質者，即亦不會被天子所尊重之意也。此讚其氣質高雅，具有法眼。

詞源

一本作「問」，〈源問〉號也。杜詩有「詞源倒流三峽水」，或以為號乎？未知何是。

當機開得虛空口　萬浪聲收在一門
禹力不知功業大　冷涵天象水無痕

第一句，「當機」猶如對機，不妄發也，對於學者根機熟而開得也，其辯才千偈萬句不滯，恰如翻轉大虛空傾其銀漢。第二句，雖以上之當機說法如翻轉虛空天河，百千萬之句偈由懸河之辨而捲起波瀾滔滔滾滾地演舌，但其歸處即其萬浪之聲均收入海門，此之一門是何?「一門」即心門也。古曰:「萬派聲歸海上消。」第三句，昔夏之禹王治洪水九年時，天下之民憂恐盡皆化為魚，各自盡瘁疏水工事，巨靈而劈開大華山，通河疏於東海，云除了人民的水害之苦，但禹王卻不知我之功業宏大，只偏於除卻人民的浸水之精神而已。詞源其人亦如此，不知我之辯才巧妙，只有除學者之妄想浸水的慈悲心而已。第四句，今詞源之妙辯是清冷之江水與天象，雖然涵映著月華星彩的碧天玲瓏之象，但元來沒有江水涵天象之心，如自然月華星彩之美象相映，其敷演中聽者我根機投而心花發明自然大悟，恰同其水月相映，水寫月無心，月亦映水無心，故云水月相映不留痕，悟即留悟之痕跡者苦聞也。有一語，「竹影掃階塵不動，月穿潭底水無痕。」

閱宏智語

上卷石林之偈，題〈宏智塔〉，註舉略傳。

金針曾不露鋒鋩　引得無絲玉線長
看到化功形未兆　劫壺春信覺花鄉

第一句，宏智禪師之言語句義文章是以金針來繡出事理雙鎖片片之物，但不見露其針鋒，此偈頌出「曹洞宗五位」之宗旨，故不易解，非鑿空之筆頭所得髣髴的。由諸學者宜從明眼之宗匠直參而自得其實證也。此句古人謂「偏中正」云。第二句，「無」是從本無之中唱來之言句，故云無絲之玉線，云玉故以引得長而章裁之，以本無之中引出「玉線」，故云「正中偏」。第三句，「化功形未兆」者，空劫智不到之處也，不露以上金針之縫目，引得無絲之玉線，看了言句文章自得之，言到朕兆以前空劫智不到之處，造化之功未兆之世界處是「正位」也，只「看到」二字是「偏位」

也，此句「正偏」雙舉。第四句，劫壺之春信是「正位」陰陽未兆中僅破來一點春信，「春信」二字是「正位」之變換處，開發於「覺花鄉」之「偏位」，是「兼中到」，言正、偏二位「兼中到」至處。二十八字頌盡《宏智錄》之宗意，是何等的慧腕也。

「五位」昔決曰：「正位即空界，本來無物。偏位即色界，有萬象形。偏中正者，捨事入理。正中偏者，背理就事。兼中到，冥應眾緣，不墮諸有，非染非淨，非正非偏，故曰虛玄大道，無著真宗。從上先德，推此一位，最妙最玄。」

蜀故帆慈和尚

無傳。

上卷末宗之偈載略傳。

馬郎婦

嬌羞蟬鬢巧梳雲　心似黃連口咀錫
千古金沙灘上水　琅琅猶作誦經聲

第一句，妙年女子風手云。「嬌羞」是奸媚之貌，少女之美態之形態媚羞趣也。「蟬鬢」是鬢毛細輭蕩漾如蟬翼，巧梳如雲。第二句，如斯好像吳之西施、唐之楊貴妃，其風手實是絕世的美人。心是比一條繩子大，口誦《觀音經》甘言地成為馬郎為妻，其心即度無佛鄉之眾生，有如黃連的苦味，良藥救病出金瓶。第四句，令金沙灘之馬郎讀《觀音經》，而形體當即死去，但金沙灘之水聲琅琅地猶成為讀聲可聞。以來此之無佛鄉皈依三寶者多云。

荷衣沼

前卷絕像之偈，載大梅常禪師之因緣，可參觀。

徹骨寒來更有誰　襴褖破衲藕絲垂
春風池面添新綠　又是冰蠶作繭時

第一句，昔大梅和尚是枯木倚寒林的人，貧居於林下冬來衣服不自由，防其徹骨寒的模樣，大梅之外更有誰呢？第二句，大梅被頌為「一池荷葉衣無盡」，而以荷葉作衣云。今見之此荷衣濯還垂著襴襴的破衲一樣之荷葉，以其絲來製衣乃暗追慕昔時之大梅之意吧。第三句，此荷葉到了春初薰風之時節，生浮池上新添綠色，其時分是春暖只能見到池面的美綠時節，此春風給大梅作荷衣，為世人給作藺防寒亦同時春風之賜也。

東坡詩云，「冰蠶不知寒，火鼠不知暑」云云。《拾遺名山記》云，員嶠一名環丘。東有雲石，廣五百里，駁駱如錦，扣之片片蓊然雲出。有冰蠶其色五彩，織成文錦，入水不濡，投火不燎。唐堯之世，海人獻之，堯以為黼黻。《韻府》火鼠入火不燎，毛長寸許，織可為布，所為火浣布是也。又冰鼠北方冰厚百尺，有鼠在其下，且食冰，毛長百尺，可以為布。錄以備博物一片。

竟陵海首座

船子

秀州華亭船子德誠禪師，節操高邈度量不群，自印心於藥山，與道吾、雲巖為同道交，泊離藥山乃謂二同志曰：「公等應各據一方，建立藥山宗旨。予率性疏野，唯好山水，樂情自遣，無所能也。他後知我所止，若遇靈利座主，指一人來，或堪雕琢，將授生平所得，以報先師之恩。」遂分攜至秀州華亭，泛一小舟，隨緣度日，以接四方往來之者。時人莫知其高蹈，因號船子和尚。

離鈎三寸何不道　法眼無瑕瑕轉多
若使一橈全腕力　洙溼無復水重波

夾山善會禪師，往江陵聽經論該練之學，遂參禪勵力參詳。初住京口，一夕道吾策杖而至，遇師上堂，僧問：「如何是法身？」師曰：「法身無相。」問：「如何是法眼？」師云：「法眼無瑕。」道吾不覺失笑，夾山便下座而問：「某甲適來祇對這僧問話必有不是，致令上座失笑，望上座不吝慈悲。」道吾曰：「和尚一等是出世，未有師在。」夾山曰：「某甲甚處不是，望為說破。」道吾曰：「某甲終不說，和尚卻往華亭船主處去。」夾山曰：「此人如何？」吾曰：「此人上無片瓦下無卓錐，和尚若去須易服而往。」山乃散眾，束裝直造華亭云云。船子問：「垂絲千尺意在深潭，離鈎三寸子何不道？」夾山擬開口，被船子一橈打落水中，纔上船，船子又曰：「道道。」山擬開口船又打，山豁然大悟，乃點頭三下。船子曰：「竿頭絲線從君弄，不犯清波意自殊。」山遂問：「拋綸擲鈎，師意如何？」子曰：「絲懸淥水，浮定有無之意。」山曰：「語帶玄而無路，舌頭談而不談。」子曰：「鈎盡江波錦鱗始遇。」山乃掩耳。子曰「如是如是。」遂囑曰：「汝向去直須藏身處沒蹤跡，沒蹤跡處莫藏身」云云。

第一句，船子、夾山之商量之語當露出，是此偈之本則也。第二句，著語之體也。扨夾山是在京口之竹林寺，被僧問如何是法眼而答以「法眼無瑕」，被道吾笑，由此去參船子，被船子用橈打入水中，看來法眼瑕轉多了，為此瑕而逢船子徹底大悟，「轉多」之二字尤力也。第三句，竟陵之評語也。可惜許，若當時船子之一橈用強力一點，完全將夾山打入水中打殺死掉。第四句，「洙」專於切，音諸也。「涇」即由蕪湖出，皆由華亭邊之水也。其洙水、涇水亦無重起波浪之事，以後云夾山得到宗旨而像激動了洙涇之水一樣揚起波瀾。「無復」是波浪不立的第三、四句而評判，用抑下法托上船子之慈悲廣大。

東洲

號頌也。

震旦源流見日長　未應容易共論量
誰知沙渚行人少　黃鶴樓高轉夕陽

第一句，琳法師釋「震旦」云，東方震日出，故曰震旦，是指「東洲」也。「源流」

即大法之源流，自初祖達磨大師西來，二祖、三祖遞傳其源流至今日卻卻日長也。第二句，其源流深遠而傳來長久的滾滾不盡處之宗意深長，乃不容易評論推量的，就東洲之宗旨下讚辭。第三句，「沙渚」即指「洲」字。誰人知此者，沙渚這寂寥之處行人非常稀少云者，即云東洲之宗旨是佛祖不傳之處知音稀也。古曰調高賞者稀少之義也。第四句，「黃鶴樓」是在鄂州之子城西南隅，即東洲之居處邊，其黃鶴樓之高，喻東洲宗旨之巍然高聳。「轉夕陽」者，即於其高棲遮其西輝之太陽，令其返照，轉如東輝之朝日一樣，抑頌東洲之回光返照順逆自由之趣。

《善惡報隨錄》載，江夏郡辛氏沽酒為業，有一先生魁偉藍縷入坐，謂辛曰：「有好酒飲吾否？」辛飲以巨杯。明日復來，辛不待索與之，如此載，辛無倦意。一日謂辛曰：「多負酒債無錢酬汝。」遂取小籃橘皮於壁畫鶴，謂曰：「客來飲酒，但令拍之歌，黃鶴即舞，將此酬酒債。」後客至如其言，鶴果蹁躚而舞，回旋宛轉，節中音律。橘皮所畫則黃色，人之謂黃鶴，莫不異之者，欲觀者可費千金。十年間家置巨萬，一日先生至曰：「白飲酒所酬薄否？」辛謝曰：「賴先生畫鶴，今至百倍，若少留當舉家供備灑掃。」先生笑曰：「吾豈為此。」取笛吹數弄，須臾白雲自空下，所畫鶴飛先生前，遂跨鶴乘空而去，辛氏後於鶴飛昇處建樓云云。又周王子喬晉，駕黃鶴，遂戲而下山頂，於時名之黃鶴山，其後於此地造樓，謂之黃鶴樓云云。唐之崔顥詩曰：「晴川歷歷漢陽樹，芳草凄凄鸚鵡州。」抄云，黃鶴樓、鸚鵡州，猶如鐵爐步，有名無實之義也。鸚鵡州黃祖殺禰衡，埋於州上，後人號曰，鸚鵡州鐵爐步。柳文曰，永州北郭有鐵爐步，蓋曾鍛鐵者居，其人去而爐毀，不知幾年矣，獨其號謂存云云。

碧潭

號頌。

看到深深有底論　水無塵滓石無根
蒼龍夜卷波瀾淨　萬丈空餘月一痕

第一句，深深之法性海中之淺深，固無言詮之論量處之義也。第二句，其深意不可測量之處是海底深處不見塵滓，又不見到石或其礁根，以上二句頌水之深碧。第三句，述其潭之靈澄之趣，此深碧清澄之潭水，必有蒼龍潛棲時而夜間捲起波瀾上天捲起雲霧去的樣子，但跡即水面靜而淨。第四句，極其後即虛空亦晴朗明月皎皎，深深萬丈之潭底龍去而空澄，留有一團之水玉的月一痕。蓋妄心之虺蛇已化為神龍上天去復無留跡於真如法界，空性之月輪照著深深之無明潭底，以現成湛湛之覺海，此二句就「潭」字頌之。鑿空氏畫蛇添足曰，「竹影掃階塵不動，月穿潭底水無痕。」

東洲出世定水

松源下嗣法橫川如珙，橫川嗣滅翁文禮，定水寺在明州慈溪縣。

千鈞繫重已難言　歃血盟從定水邊
錢陌是誰知省數　草深一丈法堂前

第一句，大法重任之千鈞將繫於其身之一髮的細少之危處去承受是以言語雅得形容者也。興廢是在東洲一肩擔之。第二句，「歃血」《史記・平原君傳》載之，往見可也，此不贅。古抄曰，定水縣有秦令知、令廣二人，堅約盟入牲血共相歃盟自此始云云。今東洲成為大法之盟主，捧往定水定其正法久住之誓約，唱道江湖定歃血從約者多欸。第三句，然今宗風大慧下之宗旨是云錢陌，經種種言句文義說盡宗旨，明明地無所餘留。松源下之宗旨是省數直截根元之趣，說方即餘還多不說。「錢陌」是喻百丈之錢百文皆用盡後不殘留，省數即百丈之錢殘留置三、四文又供後日之用的方法。故直截根元而提出其法，殘留言語文字而不說盡，去程省數不涉說，直截舉揚即來學之者不能近，依之趣向之雲衲不來，又如錢陌涉及種種言語文義盡說即未窮而餘味全無，錢陌省數不知其宜云。第四句，傾在何邊學人都不來，所以法堂前荒蕪果然草深一丈了，非以中道實相去說法不可，自有寓其餘意。

錢陌者足陌也，或云百二十文為足陌，百文為省數。又或云，百文為足陌，不足百為省數。《鶴林玉露》天集第一云：「《五代史》漢王章為三司使，征利剝下，緡錢出入，元以八十為陌，章每出錢陌必減其三，至今七十七為官省錢者自章始。然今官府於七十七之中，又除頭子錢五文有奇，則愈削於章矣。」《事林廣記》前集云，一文謂之遼丁，十文謂寸丁，百文謂尺花，一貫文謂釣水，十貫文謂重米，百貫謂怕索，萬貫謂方條云云。大凡江湖稱大慧派佛法云足陌，稱虎丘下松源派禪云省數錢也。蓋足陌使之有限，省數用之無窮。東洲松源派也，故有此句。

瀑布

崖明千尺雪陰開　世上應無下剪裁
困掠火雲傾炙地　萬金難買上身來

第一句，瀑布在千尺懸崖高處落下來，其飛爆因白如雪，懸崖之蒼鬱樹木與暗黑處亦自然被其水光反明，「雪陰」固名思議。瀑布水如雪而其陰暗變白云「開」字以形容。第二句，看來好像八千尺上之懸崖掛垂了白布，此白布並非尋常世間之裁縫者能剪的，竟陵之手裁製而成此偈之意思。第三句，現在酷暑之時候，「火雲」者夏日燒得蒸熱之雲。「炙地」即被日灼了之地。這樣困掠人們的處所，「掠」是熟字與困卻同義，勉強付義即困窮了人之平常心。元來掠即鈔取，抄略取人之財物云，故此處輕以熟字見之。第四句，如斯極熱之時節，不厭萬金擬此如冰雪瀑布作為衣服來著用，亦沒有能裁剪的人。瀑布之事故當絺綌來穿以身上是難的。古句有：「六月買松風，人間恐無價」，即此意也。

仲實慤首座

無傳。

慈受塔

慈受懷深禪師。

山餵烏鳶水餵魚　全身放倒不堪扶
包山山下思溪上　骸骨難尋空按圖

第一句，《莊子・列禦寇》曰：「吾以天地為棺槨，日月為連璧，星辰為珠璣，萬物為齎送，吾葬具豈不備耶？」弟子曰：「吾恐烏鳶之飧夫子也。」莊子曰：「在上為烏鳶食，在下為螻蟻食，奪彼與此，何其偏也？」由此篇之典據取來述此句，以之餵包山之烏鳶、餵思溪之水魚。或云慈受臨寂囑其弟子曰，「吾死後暴露於山上飼烏，投水飼魚」云。是亦莊子之意乎。第二句，慈受之遺囑已成以上之次第，定是葬儀亦簡略，其後塔亦被打倒，一向無人構保，實是全身放倒塔亦無人扶起。第三句，此塔在洞庭之包山與思溪之圓覺。第四句，今日是否埋有骸骨卻無人去尋討，只空在圖上按檢以知其處？佛光國師曰：「老僧舍利包天地，莫向空山撥冷灰。」

華亭舟中

華亭在嘉興府，船子和尚為渡子處也。前篇竟陵首座〈船子〉偈云，秀州華亭，蓋秀州在嘉興府乎。華亭水自華亭谷出行三百里入松江，晉陸遜宅造池亭華麗，故云「華亭」。

岸岸菰蒲接柳陰　洙涇江上古猶今
一波不動絲綸卷　誰識舟中此日心

第一句，舟中所見現成底公案也、景色也。菰蒲生於岸隈與柳陰接觸相連之景色。第二句，作者之評語也。「洙涇」者，已載與前篇竟陵之〈船子〉偈。洙涇江上之風景是古昔船子時至今無變遷。第三句，船子之偈曾有三首。其一云：「三十年來坐釣台，鈎頭往往得黃能，錦鱗不遇虛勞力，收取絲綸歸去來。」其二云：「千尺絲綸直下垂，一波纔動萬波隨，夜靜水寒魚不食，滿船空載月明歸。」其三云：「三十年來海上遊，水清魚現不吞鈎，釣竿斫盡重栽竹，不計功程得便休。」因第一首中第二句「黃能」之「能」字奴來切也，三足鼈也。其二首有「千尺絲綸直下垂，一波纔動萬波隨」頌之，今日一波未動，又收起絲綸卷不蹈船子之途轍，仲實有自仲實之天真風流。第四句，船子垂著千尺之絲而隨波逐浪順其流去，但仲實即一波不動而收卷了絲綸，不假暫借學者的手段的舟中之境界誰人識得耶？此日若有會得此心者參。

同山穎首座

無傳。

雲門受業

會元韶州雲門山光奉院文偃禪師，嘉興人也，姓張氏，初依空王寺志澄律師出家，敏質生知慧辯天從，及長落髮稟具于毗陵壇侍澄數年，探窮律部，以己事未明往參睦州，州才見來便閉門，師乃扣門。州云：「誰？」師曰：「某甲。」州曰：「作甚麼？」師曰：「己事未明，乞師指示。」州開門一見便閉門卻，師如是連三日扣門。至第三日開門師乃㩳入，州便擒住曰：「道道。」師擬議，州便推出曰：「秦時𨍏轢鑽。」遂掩門，損師一足，從此悟入。州指見雪峰云云。

此門不出是良籌　底事迢迢見睦州
堪笑被渠拶折腳　卻同雪老結冤讎

此偈從頭用抑下法。第一句，雲門不出此受業門，守護志澄律師之戒律就是良籌了。想了不必要之事，以抑下之。第二句，何故迢迢來到睦州之處參見。第三句，果然你看！渠被睦州一拶，被門扇推得折了足。呵呵堪笑，幾生不帶來的殘廢者。第四句，拖了跛腳往雪峰處，遂大事了畢，嗣了雪峰之法，卻與峰相同，對於睦州之辛辣恨得結了冤讎。是謂抑下托上法云。死亦不忘睦州之手段，而以師弟相同地拜謝者也。云「冤讎」即是強此語氣即托上法也。

因「秦時轆轢鑽」者即方語，云不用物也。始皇造阿房宮時，以鐵三十馱製錐，蓋建築用器也，爾用屬不用，轆車橫木轢輾也，蓋云車附錐機械手，鑽錐也。

越禹溪了首座

嗣法虛堂。諱一了，住雪竇。

送人之南浦

干戈誰展復誰收　雲歛千山月正秋
萬里歸心如不昧　浪翻南浦又添愁

第一句，今此人往去南浦，別後在法戰中與誰共展干戈，誰會敗收呢？以粉骨摧身而去的大概沒有對手者也。第二句，迄此在法戰中互決雌雄，而今已經妖雲地拂而心地清平也。千山月正明也，復無何人再動干戈了之意也。蓋本有之佛性是心地平等也，沒有迷悟凡聖之差別，如中秋明月也。第三句，透過了難透難解的萬里關鎖，明了歸家穩坐底之本分，如不昧者。第四句，南浦在江夏之南三里，水景由首山出，入西方大江處之水邊也。抑歸家穩坐之本分，不昧心是與南浦之江水清澄一樣湛湛不昧，在此處取返了從前之本分以上更回心向大，起了大波瀾翻轉南浦，成為大千妙界塵塵剎剎是本分之家山，愁外更添一層之精進力之愁，去成就百鍛千鍊之苦修艱外，度己後再度人之意也。古人云：「水邊林下費卻鹽醬二十年。」

遠峰

頌號。一作〈思峰〉。

青螺隱隱隔輕煙　一翳才生落斷邊
峭絕自忘空劫路　不須心外覓通玄

第一句，「青螺」者云遠見青色之山峰恰如佛之頭捲起螺髮一樣。故詩人以佛頭青詠之，皆是遠眺其山峰之趣，「隔輕煙」亦是遠望峰中之萬木矇矇不清，一望宛如佛頭之螺髮一樣，即詠其遠峰之一景色。註「隔輕煙」，引《起信論》云，「忽然念起」為無明，因此一念隔本分之家山云云。鑿論甚矣，不可從。此句可見作本分上，一句只頌遠峰之真景。第二句，至云「一翳才生」，即引《起信》之「忽然念起」，望其青螺隱隱之景色，其見眼中一翳生者由心頭所起之一念處生之。生甚麼？望之愈遠，眼愈迷，青螺隱隱等閑見之即落常見，著意見之即落斷見，遮伽羅眼絕纖埃。即今見到什麼？鑿空氏曰，青山自青山，白雲自白雲。第三句，遠峰之趣轉之，與起其人之氣象與家風底，峭絕的峻峰倚不得也，不知尖峰突入碧落之孤峻，頌其自忘也。「自忘」二字照破了前句之「一翳」斷邊等字，第一句宣出青螺隱隱之真趣，遠峰其人自忘孤峻絕壁。抑依天地開闢以前，此壁立萬仞之處，有一條的嶮路，是云本來之大道，非人間之所為所作之路。此空劫之路誰能躋攀呢？請作家之衲僧試投一足看！第四句，由一念念起看來，有遠近之差別，畢竟於心外去看故有我與遠峰之相隔，即今我與遠峰都自忘，不須向心外去覓青螺隱隱的通玄峰，腳跟下是通玄峰也。莫在須彌山中覓須彌。東坡曰：「不識廬山真面目，只緣身在此山中」，蓋此偈是。第一句遠峰以為本則來提起，第二句由斷見上放下之，第三句把住之以峭絕空劫評唱之，而照「自忘」二字於前、起於後，第四句以通玄峰為終篇來下斷案，可謂大手筆也。韶國師頌曰：「通玄峰頂，不是人間，心外無法，滿目青山。」通玄峰在天台山。

天台東嶼和尚

淨慈東嶼德海嗣法石抹鞏，鞏嗣法滅翁禮。

無方

號頌。

南北東西鐵一團　德山臨濟轉身難
更言棒喝歸何處　天闊高兮地闊寬

第一句，提出無方之本則，南北東西爐一團之鐵以頌之。此鐵橫鋪四世界，豎蓋一乾坤，其鐵云者借物譬喻之文，即云本來無方之全體也，不以四方之方見之，恰似一團鐵也。沒有建立東西等方位，參物堪比倫，教我如何說，是無方之本體也。

第二句，德山之棒向此無方有何處可行，臨濟之喝向此無方何處可施，畢竟「虛空無背面，鳥道絕東西」，抑下何評唱，沒有著腳手之處。此第一句頌其難載舌頭，「轉身難」即云問答應酬之手段棒喝取捨之作略。第三句，德山臨濟已不能動身，那麼其棒喝之手段歸著何處？言釣出前二句之宗旨法，更改其辭立其歸著方針。第四句，天元來是高物，但無上下四維，高處亦無處可立其高，地元來寬厚之物，言無方以上亦無法辨別其厚寬，蓋天地高遠覆載之德亦不及，無方之本則固臨濟德山之棒喝無處可施，抑其如何評唱也。鑿空氏曰，「陰陽不到處，一片好風光。」

隱樵

號也。或作〈樵隱〉。

藏身無跡跡無藏　一抹青叢萬疊山
話到嶺南肩痛曰　斧頭無柄鐵尤頑

第一句，為頌「隱樵」二字。由船子示夾山之語氣轉化來斯頌之。船子示夾山云：「藏身處沒蹤跡，沒蹤跡處莫藏身。」鍊換此句云「藏身無跡」，〈隱樵〉之號即應成為樵父韜晦身世於深山。元來藏身即不見其藏跡，跡被知即藏還是不藏，於此顯其高隱之德光。昔有德貫首座的人，隱於天台景星巖，三十年影不出山，官人龍學耿公為台州之郡治，特以瑞巖迎之。德貫以偈辭之曰：「三十年來獨掩關，使符那得到青山，休將瑣末人間事，換我一生林下閑」，終不出山。如斯之境界云「藏身無跡」，其鏟彩埋照，雖韜跡於深山幽谷之中，但其德光自為人間所知，如德貫一樣被官人所迫，如唐之懶瓚立勅使欽仰其高風，即「跡無藏」也。第二句，其隱處是一抹之青叢，長而如塗碧地青青而茂榮的山林重重疊疊之深山，即道人藏身棲隱之處，但明明都被眾人見上，是藏身跡無藏之當體也。第三句，昔日六祖大師採薪市賣以之養母，或時聞人讀《金剛經》，至「應無所住而生其心」，頓以省悟，以此機緣轉化此句來，話出六祖大師擔柴致肩痛之事，云今此樵隱負擔著如肩痛之大法重任，是否能至其真趣。第四句，以絕待之一句結之，尋到藏身之處見之，鏽腐之斧連柄亦朽無，只有頭許之頑鐵去棄置之，獨露身藏而不藏，有此斧故是樵者無疑。「藏身無跡跡無藏」，見此斧夠了。六祖持而採薪，伯夷掘蕨，頑鐵猶在，「跡無藏」本來面目，鐵一片始面對此樵隱之意也。蓋此句是頌本分之真理，我屋裡之通語有，一條鐵、鐵一團等之類也。鐵未經鍛鍊之前的頑缺之處即譬喻本分，是即空劫那時生佛未分之本分也，詠出隱樵之本具真性。抑鑛鐵經鍛鍊之後一金成萬器，恰如一法性中幻變生出萬象森羅之形，自由自在也。此句第一、二句就「隱」字解之，第三、四句依「樵」字釋之，而貫通「隱樵」二字之脈絡。可惜許，取了船子與六祖兩端之典據，都不可謂爐一團之鐵。古人在其鍊句之力所感且讓之，在今人即聊不假也。

越漢翁傑和尚

嗣法古帆，或云嗣石帆。

聽雪

積凍吹花鎖六幽　清凝蟲咬葉聲浮
一燈到曉不成寐　洗盡平生兩耳愁

第一句，以「積凍吹花」四字演詠「雪」字。「積凍」即水氣凍而合積成雪，「花」即看來瓣瓣片片云。恰似未悟之時被妄念凝滯，眼睛不朗，如病眼認為空華。「六幽」者天地上下四方為六合，眼耳鼻舌身意謂之六根，雪謂六出，故「六」字與雪有因由也。「六幽」謂熟字者，古云「光被六幽」，上下四維之事也，看謂雪之封鎖天地四方，其吹花者非真花，是眼塵之妄見也。第二句，清潔之水氣凍凝成雪，降積之音是密密疏疏，好像蠶蟲咬桑之聲，此頌「聽」字，然非真正蟲咬葉之聲，降雪之音也。古云，空齋一夜無衣客，雪似食桑春蠶聲，等之意也。畢竟聞塵也。第三句，一夜在燈下獨坐至曉，聞此雪不寐成為密密疏疏之音三昧不被睡魔所引，心燈一點明明通曉，忽然見之。第四句，平日的六根六塵之妄見妄聞之塵境被密密疏疏之音洗盡，始轉聞塵開了聞慧，離色塵現出光明佛，洗盡了真妄兩耳之愁之意也。

梅溪

號也。

玄雪封枝暖信賒　一灘聲濕練光斜
只因錯聽疑根斷　月下清香流出花

第一句，「玄雪」者冬雪也。冬云玄冬，雪依玄冥之令而降，玄冥即北方之神。北風抖峭的寒時降玄雪，包封梅枝，臘月之梅已含有雪中花之意，故言「暖信」即春之時候有睬，遙遠也、未到也。此頌梅之本性，本地之靈香已見在梅枝，故云「暖信睬」。第二句，「灘聲」是溪澗水之奔流云，雪消而增加水聲之意趣，「聲濕」之字目含有春信之義。謝玄暉句有，「澄江淨如練」，所謂水之碧色瀲灩之處，「練光」之字正有春信也。第一句頌「梅」字，此句頌「溪」字。第三句，即此偈之骨子也。昔鏡清問玄沙：「學人怎入？」清指入路。玄沙云：「還聞偃溪水聲麼？」鏡清云：「聞。」玄沙云：「從這裡入。」鏡清於言下大悟。今此句即只因錯聽，「錯聽」之字漢翁之力也。蓋在本分上是境智冥合，心外無境，境外無心，畢竟心境一如也，抑水聲是境，聞之即心也。今到心境一如之當體，誰是水聲，誰是聞者耶？水聲聞者共一體也，然是玄沙之示處錯，或鏡清之聞處錯，試問學者，聲聽一體之處，漢翁以何為錯？若是本分之衲僧不喫這般茶飯，漢翁有漢翁之思量，故曰「只因錯聽疑根斷」，以橛拔橛底之語法頌之，元來無真妄之處有何之錯？「錯聽」即真妄立，又無真妄之處素無可疑，「疑根斷」即分明有疑之事。咄哉，遣妄即歸真，斷疑即至正覺，因耳根之錯，因之遣了從前之妄心，始至正念斷疑根之義也。拈起衲僧鼻孔穿開佛祖心肝。錯錯，別有餘韻也。非筆頭所能詮演者，請各自了徹去！第四句，至於收結，詠「梅溪」二字，始詠「玄雪」之句是梅之未發以前一點春信，第二句以「灘聲濕」、「練光」等自含有春信詠之，第三句以「錯聽」之句來斷從來之未發春信的疑點，以陽氣發時金鐵皆透之趣，詠出分明梅花春香，添月流出花云，「流出」之二字暗映寫「溪」字，是為號頌之最上乘。

血書觀音經報親

酷愛尋聲救苦流　通身紅爛使人愁
新籌有限應難盡　血染悲花頂上浮

第一句，舉四攝法之一。一者布施饒益眾生，二是愛語方便開道，三利行即利他行，四同事作業與他相同。「酷愛」出於四攝之第二方便開道。《觀音經・普門品》云：「念彼觀音力，尋聲自回去。」又云：「觀音妙智力，能救世間苦。」又云：「一心稱名觀世音菩薩，即時觀其音聲，皆得解脫。」由是等經文，拈出四攝法之愛語攝來立方便開道之門以為酷愛，如經文云，尋眾生之念聲，菩薩即應現去救度其苦流。

「苦流」即以苦類看之。第二句，「通身紅爛」之字出典於藥山。藥山因僧問：「學人擬欲歸鄉時如何？」師云：「汝父母徧身紅爛臥在荊棘林中，汝歸何所？」僧云：「恁麼則不歸去也。」師云：「卻須歸去，汝若歸鄉，我示汝箇休糧方。」僧云：「便請。」師云：「二時上堂不得咬破一粒米」云云。取此機緣，此身元父母遺體之血肉也，臨命終後通身紅爛，血肉腐敗捨於荊棘林中，臭氣紛紛不可當目，實令人愁，如何哭泣亦無用。今我娘生之碧血生生中，刺之血書菩薩悲願之《觀音經》，來報父母勤勞之恩。第三句，「新籌」者指新血書之《觀音經》，「籌」者等也。佛言折三千世界之草木枝而寸寸截之，以為籌酬父母恩尚難報云云，今血書此恨尚不足報父母恩也。況乎如三千世界之草木枝籌以有限其數之者都無能報其深厚的父母恩，豈能盡得者也之意。第四句，荊棘林中的紅爛之血亦如今書此《觀音經》的菩薩悲願之花，染經而由腳下迄頭頂看著浮出美麗鮮艷之血，這即能報父母之恩也。因悲花是《觀音經》以擬《悲華經》，血書報親也。《悲華經》是世尊一夏九十日在須彌頂上忉利天為母說法一座，拈一枝禮三拜，謂之《悲華經》。

四明虛菴實和尚

虛堂語

虛堂塔在徑山化城寺西。

七寶鑄成三轉語　百年東海鐵崑崙
天荒地老無青眼　萬仞龍門鎖墨雲

第一句，「七寶」有二種。一為七種之珍寶，《觀音經・普門品》云：金、銀，琉璃、硨磲、瑪瑙、珊瑚、琥珀。《佛地論》云：金、銀、吠琉璃、頗胝迦、牟呼婆羯落婆（硨磲也）、遏濕摩揭婆（瑪瑙也）、赤珍珠。《無量壽經》云：金、銀、琉璃、頗梨、珊瑚、瑪瑙、硨磲。《恆水經》云：金、銀、珊瑚、真珠、硨磲、明月珠、摩尼珠。《大論》云：金、銀、毘琉璃、頗梨、硨磲、瑪瑙、赤真珠。以上諸經雖有異同，即珍寶之名也。二為七種王寶：晉譯之《華嚴經》云：「王得道時於其正殿婇女圍繞七寶，自至一金輪寶名勝自在，二象寶名曰青山，三紺馬寶名曰勇疾風，四神珠寶名光藏雲，五主藏臣寶名曰大財，六玉女寶名淨妙德，七主兵臣寶名離垢眼。得是七寶於閻浮提作轉輪王。」此句是：因七種珍寶的虛堂之三轉是恰如以七種珍寶鑄成。「三轉語」者虛堂在靈隱應衲子之請益，提出三問題令學者著語。其一云：「已眼未明底，因甚將虛空作布袴著？」其二云：「劃地為牢底，因甚透這箇不過？」其三云：「入海筭沙底，因甚針鋒頭上翹足？」第二句，「百年」是一生涯也。「東海」者四明在東吳，近海邊之處，指虛堂之居處為東海云。「鐵崑崙」是踞物，無著手腳處云，畢竟崑崙是山名。《水經》云：「山在西北去嵩高五萬里，地之中也，高萬一千里，河水出其東北陬，屈從其東南，流入於渤海」云云。又玉出崑山的名山，亦出金玉的樣子。今云「鐵崑崙」者即其巍然不動，形容眾人無法施腳手之處，借此崑崙眾山絕比倫，即虛堂之宗旨孤峻如入鐵崑崙也。第三句，「天荒地老」者，世之澆季變移的景象。「無青眼」云無知音也，晉之阮藉見俗士白眼對之，見高士青眼對之云云。今虛堂已歿後，露出天荒地老之現象，沒有見為知音之眼者。第四句，「萬仞」者云最高度。「仞」之一字解説不一。孔安國以一尺為仞，王肅之泉雅以四尺為仞云，又有七尺為仞者，無倫怎樣萬仞即最高度也。「龍門」是徑山山門之額云，即虛堂塔在徑山故，指虛堂而頌出萬仞龍門，標其宗旨語氣之高。「墨雲」是語錄之文字，即看為三轉語也。其三轉語在鎖著萬仞徑山之義也，三轉語是看作虛菴之青眼。

寄大雲

越州大雲寺大珠和尚開山也，大珠嗣馬祖。《山菴雜錄》云：「育王虛菴實首座寄卧雲菴偈云：『黃金園裡』」云云，蓋卧雲菴在大雲寺裡。

黃金園裡馬交馳　徑寸多成按劍疑
月上梅花千樹雪　卧雲一枕夢回時

第一句，「黃金園」是指大雲寺。彼之舍衛國給孤長者，以黃金則布買祇跎太子之園，建立精舍請佛居之，故以寺為布金地抔云。「馬交馳」是此時北狄寇入中國，兵亂入寺，故云兵馬交馳也。且開祖大珠和尚是馬祖下，般若多羅之讖語云「馬駒蹈殺天下人」，正暗投此機緣，其實是嘆北胡之橫暴也。第二句，《史記》有：隋侯祝元暢因之齊，道上見一蛇將死，遂以水灑摩傅之神藥而去。忽一夜中庭皎然有光，意謂有賊，遂按劍視之，迺見一蛇啣珠在地而往，故知前蛇之感報也云云。金殿閣上已被北胡之兵馬蹈翻交馳的時候，這裡面有如徑寸的美玉之高衲居住，都是「貓予小判」之譬。胡人共是不知寶的，恐怕被誤會是敵對的行為者，如按劍而引起疑惑，已經如斯騷亂之時節，善知識或徑寸珠都是玉石混淆不清，不可大意露出的。第三句，雖然玲瓏之月如徑寸之珠懸在中天的人人箇箇天真佛，照著梅花馥郁清妍之冰葩，但北胡強寒抖峭之雪，封鎖了千山萬樹，徹沍強骨不得出來看的。實是陰鬱之世界了。第四句，應打忘世間之塵勞，打臥在無心之雲的臥雲菴一寢入睡，等待天地清朗之夢回來時，若坐斷了此境界，就沒有將夜光玲瓏之珠，誤為賊持燈炬潛入庭中之疑而有按劍之危險之意也。

人之仰山

仰山在袁州南八十里，為州之鎮山，周圍一千里，高聳萬仞不可登，只可仰觀以得此名。有寺曰太平興國寺，有二神廟，舊傳二神損地與小釋迦結庵於此。胡隆詩云：「山下清泉迸石流，山前松竹自春秋，猿吟古寺偏深處，雲集諸峰最上頭，一老有靈飛窣堵，二神無語鎖寒湫，諸天更在藤蘿外，欲到峰前恨未由。」

腳頭無處覓行蹤　沒馬黃塵起黑風
九十七重圓相外　春花開遍集雲峰

第一句，此人云往仰山而別，但卻不知其行跡，到底是往哪裡去呢？元來衲僧之本分是沒蹤跡也。靈龜曳尾即不是真的作家，非是「鳥道絕東西」不可，取來其本分，變化為軍中行路難之情緒，以往何處去也，亦沒有音信之思慕旅客之心頌之。實是提撕本分上之正位也。第二句，胡元之兵起，黑風吹揚黃塵，馬將埋沒之勢，天地晦蒙，旅行此間不知行衞是當然的，此句暗裡含藏了耽源與仰山之圓相商量意，即向耽源、仰山吹揚黃塵黑風，抑讓後來賢者之慧力。第三句，此人已經心花發明，照徹上下四維放著慧光者，故就往仰山舉其虛菴耽源、仰山之機緣。耽源嘗為仰山曰：「國師（忠國師）當時傳得六代祖師圓相共九十七箇，援與老僧。」國師臨滅謂曰：「吾滅後三十年南方有一沙彌來到大興此教，次第傳授無令斷絕，吾詳此讖事在汝躬，我今付汝，汝當奉持。」仰山既得，以火燒之。耽源一日又謂仰山曰：「向所傳諸圓相宜深秘。」仰山曰：「已燒卻了也。」耽源曰：「此乃諸祖相傳至此，何乃燒卻？」仰山曰：「惠寂一覽以知其意，但然用得不可執本也。」耽源曰：「於子即得，後來者如何？」仰山曰：「和尚若要錄一本。」乃重錄呈似，一無差失。明州五峰良和尚嘗製五十圓相，明教嵩和尚為之序，稱通其義。良曰：「總有六名，一圓相，二義海，三暗機，四字海，五意語，六默論」云云。如以上仰山有九十七重圓相之商量，其外何之著眼。第四句，前句有寓意，此人已經心華發明，不會被胡兵之風塵冥蒙其行程，到了此仰山亦不會被其九十七重圓相位眩瞑其眼光，不妄其迷，真是不動也。魔亦不能犯，佛亦不能移。咄！何者可見？胡致隆賦曰：雲集諸峰最上頭，此集雲峰開遍了春花處，十方世界春光照遍之趣，即世人之本地之風光的現成妙境也。此群芳馥郁的香積佛世界，世上之兵塵胡醜何能至也。清朗而看看。

四明用潛明和尚

古語云：明則用，暗則潛也，故號「用潛」。

宗派圖雪竇用潛明，嗣法觀物初，物初嗣北磵簡。

悼南山藏主

轉大法輪火焰裡　百千諸佛墮眉鬚
掃除不盡南屏界　重把髑髏穿數珠

第一句，藏主之職即掌大藏經，禪門而兼通義學，故云常轉輪藏，頌其入滅荼毘的火焰裡還是轉著大法輪，云南山藏主之生前死後之三昧也。第二句，大藏經五千餘卷之文字悉是如來之慧命也。其中種種之佛菩薩現出於經中，故云「百千諸佛」云。「眉鬚」即肉身也。南山藏主之肉身盡充滿著大藏經中之百千諸佛在，一但轉身於火焰裡，其眉鬚皆燒落歸灰燼，若百千諸佛與南山同一如者，眉鬚皆燼墮落。第三句，累劫染著之眾生多之處，則南山藏主悲願之存在處，幾多之藏主燒殼灰掃除之，若眾生之染垢不盡，即藏主之燒殼亦不盡。南屏山是淨慈寺也。藏主之全身燒殼灰是充滿盡天地，南屏山之荼毘跡是，山河大地盡化為南屏界，掃除而亦無捨灰之所也。第四句，那麼將其髑髏穿綴為數珠，一一錬其百千諸佛名號，以珠數之玉一顆錬一如來聯繫之、若口日練唱百萬遍，累劫染著業繫之眾生，亦依藏主之悲願力，一珠一如來地滅業，終於成為無垢清淨界之意也。因唐玄奘三藏欲度經教於此土，六度赴印土，於流沙為深沙神被奪命，三藏復轉生來，至第七度，果得度經教，蓋正觀年中也。其過流沙中時彼神，以曾所奪六箇髑髏，如數珠串穿以還三藏云云。

雲門受業

註前之同山穎首座之偈載之，可參觀之。

紅旗閃爍見宗門　關字雖高草裡蹲

腳短腳長歸不得　怕留尺地與兒孫

第一句，五祖渡禪師。僧問：「如何是雲門下事？」五祖曰：「紅旗閃爍。」以此句為雲門宗旨，雲門宗風是孤危峻險，人難得湊泊，雪堂嘗為雲門評云：「千波影裡卓紅旗。」又或云：「紅霞穿碧海，白日繞須彌。」又云：「一撥動盡大地人眼嗤嗤。」紅旗閃爍亦述其模樣。第二句，翠巖和尚夏末示眾曰：「一夏已來與兄弟說話，看翠巖眉毛在麼？」雲門曰：「關。」雲門多以一字來接機，故云雲門一字之「關」云。此偈云，「關」之一字雖高尚，云關、云露，早已落在草裡了，於前頭亦是落草，後頭亦是落草之處，看看雲門之宗旨，二句共來詠雲門宗旨之向上。第三句，雲門初參睦州陳尊宿之處，被門扉折斷腳，一腳短一腳長，跛者行路難，欲歸而歸不得，雲門娘生之四大是已被睦州折斷了，復無歸無明累業之生緣之意也。第四句，果有留著聊些土地為我物，與給我法兒孫為受業尺地即好像俗人之根性，都會逢著睦州一樣的大力漢，復被粉碎其身體，可怕也。至此始歸家穩坐也，累業生緣之情是尺地不留的，云者則雲門之宗旨紅旗閃爍之處也。

四明仲南參上人

宗派圖：仲南嗣天童別山，別山嗣徑山無準。上人者，《釋氏要覽》曰：「內有智德，外有勝行，在人之上，故曰上人。」又《般若經》：「何名上人？」佛言：「若菩薩摩訶薩一心行阿耨多羅三藐三菩提，心不散亂，是名上人」云云。

悼講師

汰盡塵沙歸路賒　講台無復雨新花
曉來重整科頭看　簇簇雲峰是象牙

第一句，教中舉見惑、思惑、塵沙惑、無明惑，四種惑。見、思二惑是麤也，二乘斷之出離三界；塵沙、無明之惑是細，諸菩薩斷之登等、妙二覺。「汰盡」者，「汰」是淘汰之義，如精米入水除其沙塵云。此法師塵沙惑雖斷盡，但涅槃之歸路來至行盡，故云：「歸路賖」頌之。第二句，講師去世後復無講經雨降天華之奇瑞了。雨華事已在前須菩提章述之。第三句，於中夜遷化故，曉來重整頓了講師之講本的頭書，或有科文之物看。第四句，「簇簇」是如雲雜多之意。「雲峰」蓋是講師之居處，或是號。「象牙」是籤，籤即竹筒。昔鄴侯家多書，插架三萬軸，一一懸牙籤。新若手未觸，是象牙枝折制之，於多數之書物分為二，分為已讀了與未讀之分，置以驗標。今此偈云雲峰之書簇簇如雲，講師已入手之書物很多之意也。

因天台教塵沙惑者，「六即」中「相似即」之位，亦有六根清淨也。初信斷見惑，從二信至七信，斷思惑；從八信至十信，斷塵沙惑，即鐵輪位也；無名惑有二種，枝末無名、根本無名也，根本無名至等覺始除之云云。六即第六：一「理即」，此位未聞佛法名字，三諦理具理性，事相曾不知之，故云理即位。第二名「字即」，此位初聞佛法名字，斯則聞圓教一心三觀、一念三千等法門，信心領納通達解了也。依之釋云，於名字中通達解了，知一切法皆是佛法此意也，又言發菩提心位。聞佛法理起真實菩提心。釋云，分明發心在名字位矣。第三「觀行即」，前名字即位，聞法名字解了，其上今「觀行即」，修觀行故言「觀行即」，凝一心三觀觀法，讀誦經典，六度等行立此位也，此「觀行即」具云觀行五品位。五品，略頌曰：十心具足，初隨喜此初品位，具修十法成乘觀，故言十心具足，十法成乘觀，摩訶止觀明之，初心難意得，讀誦經典第二品，初品觀行純熟加讀誦事行內觀相應也，更加說法。第三品，此自觀行純熟，又為他說法兼行六度。第四品，觀心自在兼行六度，正行六度。第五品，外凡位也，此位伏五住煩惱。釋云，五品已能圓伏五住矣。第四「相似即」，此位斷界內見惑，分得六根清淨功德，相似住上真因位，故曰「相似即」，亦曰六根清淨位，五十二位中十信位也。圓教十信位，初信斷見，後二信至七信斷思，後三信斷塵沙也。第五「分真即」，此位斷無明惑，顯中道理，起遍法界用，十方世界八相成道，是名分證佛果，自引精進終可至妙覺位，五十二位中，十住十行十回向十地等覺，四十一位置此「分真即」位，共是斷無明證中道位，故圓教意總斷四十二品無明，證四十二品中理，而此位斷前四十一品不盡殘一品元品無明，故不及妙覺覺位，名「分真即」。第六「究竟即」，此位斷盡四十二品元品無明，迷盡悟究，故云「究竟即」，亦名妙覺位，是極果位也。

度香橋

天童山之境致有度香橋，見前註有之。東坡詩云：「波面看青草，幽花度水香。」或王安石之詩云：云王作者是七言，「唯有幽花度水香」。今略註從蘇作。

隔岸幽花遠襲人　斷虹雲影界寒津
是誰清曉貧程急　蹈破霜葩跡尚新

第一句，如字，只「花遠襲」三字即謂花香云，即出自「幽花度水香」之句。「斷虹」者，虹在虛空如切斷虛空一樣地架起橋樑的形容，雲影亦是橋之形容辭。「寒津」即水之湛然碧色的形容，或云形容津是水渡場，多用渡橋為津梁，架橋向川之前方，一見如將水分界云。鑿空氏竊鑿云：生死岸頭眼花瞥瞥業繫之身不離，擬將此岸到彼岸而架法橋，即有依其橋而界了彼此。畢竟如何？一語云：「不須特地分疆界，萬里山河平似掌。」第三句，「是誰」二字是暗置來照應結局句。朝間早早在幽花露落其香時，有人趕路恐怕早已渡了此橋，不得大意遲慢，但已被人捷足先登了。第四句，晚唐之溫庭筠詩云：「雞聲茅店月，人跡板橋霜」賦之，轉句受此是誰而云都呈現新痕，大概剛剛渡去不久了。「霜葩」之字暗應「幽花」，寓有「度香」之意。鑿空氏曰，臨濟祖師之語曰：「任運著衣裳，隨緣消舊業。」修行不可於匆卒之舉，匆卒難免粗糠，事難徹底了畢竟。古人之靈龜曳尾即指此評之。抑徹底上之一句如何？

「風送斷雲歸嶺去，月和流水過橋來。」

遜菴恭上人

嗣承不詳。

月庭

號頌。

鏡闕圓兮鈎闕曲　金波漾漾碧雲開
疏櫺昨夜凝虛白　不是齊腰雪影來

第一句，依月之體相來形容頌之。鏡元來是圓物，此月似鏡而非圓，若半月即如鈎而不曲，蓋滿月是大圓非如鈎之曲，又上弦下弦之月是如鈎之形曲而不如鏡之圓，齊是月也，故「闕圓」、「闕曲」頌月之全體。自性天真之月也，此之謂妙手段也。

遮顯法也，遮物顯理。第二句，古語曰：「月穆穆以金波」，頌「月」之用，月在中天輝照時，碧雲被月光照開光耀映於水上金波漾漾，照破無明了。第三句，述夜月之境界，「疏欞」即窗，古人以六根譬喻為窗。六窗抔云，由眼耳鼻舌身意之六窗侵入色聲香味觸法等。譬六塵入，疏欞即如其六根六塵由真如之月可照，蕩影似地映於室內云。昨夜為止無明的暗夜之空處。「虛白」是《莊子》之典語，用古典古書來加強偈之全體力量，是為骨子云，月出一室完全成了空虛清白吧！「凝」字是凝月光成明而白之況也。第四句，其疏欞虛白之境界是恰似二祖慧可禪師，昔在嵩山少林寺在初祖達磨大師面前參時的白雪滿庭如明月，積雪齊腰之擁來境界一樣呢？以雪來擬月光，將疏欞之虛白之境來喻二祖的安心立命之境界來照映之，「不是」之字是「若不是如此是什麼」之意也。句法也。

血書法華經

分明止止不須說　筆禿情忘兩眼空
更向針頭重削鐵　炎炎火宅亘天紅

第一句，《法華經‧方便品》云：「止止不須說，我法妙難思」云。取此語而說「止止不須說」，真之《法華經》是離一切相、離心念相、言語道斷、心行處滅、無一法可說。第二句，色身而不堅實者，以其色身書法華即筆亦禿而疲勞，情忘而書落，兩眼亦朦而不清，結局空用其力。第三句，夫大丈夫兒既有血書之誓願，何來色身之賊可奪，至此更加勵行精進波羅蜜，削尖其鐵針頭刺血，絞出十指頭之血，寫了《法華》一部八卷廿八品。第四句，其血文字紅色恰如火炎，精進力之光輝即所謂法華說三界猶如火宅也。炎炎之火宅之燄皆燒盡了亘天三界，來對應第一句之「止止不須說」，一結燒盡經中之文字至此有何消息。鑿空打節曰：「湘潭雲盡暮山出，巴蜀雪消春水來。」

聽水

爐間之額也。古句云：「山上釣魚爐邊聽水。」又云：六月爐聽水座。

聞處何如見處深　紅爐餤裡碧波生
夜來聒聒清人耳　不是閑敲火筋聲

第一句，全篇題之註云，以爐間之額解之。古疏有種種鑿説，不可從。「聞處」是耳根之作用，「見處」是眼根之作用，均是歸心根，始顯聲色二塵，其以前依聞與見，其所境是否見處深或聞處深，以自問自答之體句來起的。此聞處即掛在爐上之釜中湯之烹聲也，此見處即爐之火餤也。聞處是何物也？水之沸騰之音也。其水依見處即知是水，見處是何物？爐炭之火也。其爐炭之沸騰的湯之聲，固雖是水，依聞處即知是水，均是心根出畢竟見聞一如也。虛堂〈聽雪〉偈：「耳聞不似心聞好」，是處也。第二句，以見處承之而其中，目含聞處之理。「紅爐餤裡」是炭火餤餤之勢。

「碧波生」即湯之沸騰起波的樣子。其爐之鑊湯自然有沸騰之聲，是屬聞處。「生」之一字得以所知見聞無二致之處。第三句，由過去因說來，以鑊湯元來在夜來溪流聒聒洗清人耳的清爽聲之水也。以是本題之真趣，此句不以聞處來頌之水，是與見處有關係的。第四句，其溪水之聲變成現在之果，是不是同於用火箸突敲爐炭之聲，湯水雖有差別、耳根圓通色聲一如歸心根，宜於見處聞，於聞處見。鑿空氏吟日：只見溪田路轉，不知身在桃源。

四明廓然聖侍者

人攜弟骨歸金山

金山寺在鎮江府江中，山前有三嶋號石牌，相傳稱郭璞墓，大水不能沒云云。又寺有水陸堂置人骨石處也。

百年生死一浮漚　徒說黃金鑄骨頭
包裹出門誰累汝　斷鴻聲落海門秋

第一句，人生百年似乎壽命長久，由我們不生不滅之眼看來，實大海中之一浮漚也。被風波所生起可是不被風波吹沒，毫無實處。第二句，昔越王勾踐雖以黃金鑄造范蠡之相，徒說其骨頭面目之形鑄之范蠡亦無法蘇生活得千年萬年。積重黃金的人亦無法買壽命，然不如生前悟了不生不滅之理。第三句，金山寺雖有水陸堂納死人之骨骸，故此人亦將其弟之遺骨包裹之以納在金山寺之水陸堂。出了家門，如斯奔走的煩惱是誰來累他呢？這是兄弟累業之因緣所難免者也。第四句，鴻雁是兄弟序之鳥，以「斷鴻」以表愁絕斷腸之意，斷鴻與雁聲擬述其悲。「落」是零落、蕭落之義，強感悲聲之字也。「海門」即金山所在，寺境亦秋風肅寂，其風光與尋常時節有異，良攜秋悲也。

因金山寺由裴頭陀開山得金，故名金山，舊名浮玉山。又宋真宗皇帝夢遊此寺，改建神霄宮，名龍遊寺。江藻記曰：「父老相傳，先唐時嘗以為龍遊觀」云云。

舟中值友

靜中消息動中收　一幅蒲帆駕逆流
荻岸天清沙日暖　不知誰證復誰修

第一句，云心地不動之境界本體雖不動，但只於不動即同木頭死物，不動中之消息差排何可作用？靜而待動，已靜定而反其為動，這是世間之活物，靜動相待起伏無間斷，是衲僧家尋常底之活作略也。「消息」二字寓「值友」之意，無意中在乘舟中逢著舊友同乘此舟。迄此靜中之心，見了友人而忽起了動，互相話出懷舊之消息，恰似平常靜坐於牀上，自身乘舟而投入動中相同，靜心起了舊懷消息之波瀾，是世相難免之處，於舊懷之動中明之，取及於平常心中收之，是本體不動而觸境起動，於動中收入不動之境，衲僧家之本地散亂之境不被奪之處也，「應無所住而生其心」，鳥飛不留跡也。於此第一句中去參全篇之主旨，「消息」二字殊覺有力也。第二句，就舟之靜動述之，來揚帆以前即靜也，已描一幅蒲帆乘越千浪萬波時即動也。被逆流所觸忽而動搖有如轉復天地三界，以之返照自己即，諦緣度四諦（苦集滅道）、十二因緣（無明、行、識、名色、六處、觸、受、愛、取、有、生、老死）、六度（布施、持戒、忍辱、精進、智慧、禪定）或是古則公案難透難解之修行中，起了種種之妄念妄識的魔緣，不容易、難進之處，取針路以順終達彼岸。針路即心路也，下「駕」字甚得妙也。「乘」字即平凡也，衲僧家之活達自在，形容駕荒馬走險路如行平地也。第三句，收起句之動中而應之，乘切其風波逆流然得遂而天氣成穩，荻岸之秋岸邊始見荻蘆等之花，一天清朗岸邊沙中如月所薰覺得暖和。即所謂難透難解之修行，經苦修難行之後悟得一大因緣境界之狀況，逆風逆浪亦盡越過心地平等之心中盡收得靜態了。「舟」即自己之身，波即「友」，若不遇此友即沒有今日得到心地清朗的境界了。第四句，愈到了彼岸，逆流激浪之苦與穩波順風之快兩處共消滅相乘之友亦各自東西，只是如以前之一身，此以上舟不用了，達到心地平等無修無證之境界，此謂之法常住之妙境。因諸註題之「友」字有改為「夏」字，附會之說也。古人不遊方夏中，不可從。

育王移眾寮

非移他處，似乎為土地之都合，移於境中適宜之處乎。

梁隨栱轉矩逢矩　柱帶礫移規中規
不是碧雲千尺樹　鳳群多在舊棲枝

第一句，述移轉之趣。「梁」是隨栱轉，「栱」即捧持其梁之木，斗升之形，短方也，方者合方，不違矩格也。第二句承之，「柱」是以磉連帶移動，柱是圓木。「規」是規中，規圓也，圓本之柱合圓形之磉的圓石合之不違也。此句以體相用不變頌之，前偈舟中之作趣向同一也。蓋為廓然之宗旨也。第三句，一轉來，元眾寮是宗門之門墻，有多少之衲子入此門墻而登後選之佛場堂內，「碧雲千尺樹」是示門墻為樹。天竺之檀香山有千尺之梧桐樹，其上有鳳凰棲息云，故借此為句，不是門前有碧雲千尺樹，因眾寮是衲子在棲息就學之所，以美其擇居之句也。第四句，「鳳群」即比喻衲子之群集。「舊棲枝」是照應第一、二句，移轉眾寮不違方圓矩規，宛如舊時一樣，安居於舊時所棲之梧桐枝之意也。

哭母塚

遊方行腳在他鄉之間母死，故歸鄉里哭之。

訪道三千里外歸　本生孃已死多時
青天易見黃河底　五逆難伸苦屈辭

第一句，訪道尋師行腳於三千里外今歸故鄉。第二句，本生之孃已經死去多時了。就「本生」，鑿空費了考據，「本生」即伏案以下句之「五逆」也。「孃」是釋母也，又是小女之號，中國云爺孃者指父母云。娘是少女，俗之通用。歸省看之，母已死去過了很久了，為道阿母之死而不逢可知其慨嘆也。第三句，古曰：黃河三千年一度清則聖人出。此句是云見黃河之清是難的，其難見黃河底卻能如春天一樣清澄去看。第四句，吾不孝五逆之罪的淨除清消，是沒有苦屈之辭去伸償的。「苦屈辭」是白翁禪師即辭世時云，生亦苦屈，死亦苦屈。畢竟如何？云其苦悶寃屈也。「五逆」者經云，殺父、殺母、害羅漢、破壞僧眾、出佛身血，謂之五逆云五無間業。無間即是墮落無間地獄，然佛據事列名外無間，則實造無間也；又約法徵釋，其名雖從逆法實順，之謂內無間，則權造無間也。內無間者，貪愛為母，無明為父，即在十二因緣中，現在之愛更從受生，與未生貪喜俱皆有生義，如母養育立即生也，由無明貪愛生六根、六入、十二處等之聚落此身，若斷此貪愛無明根本，即殺父母也。害羅漢者，彼八十八使之煩惱，已斷未斷習氣、而能究竟斷之，斷滅羅漢地故，害羅漢也。破和合相，色受想行識之五陰，和合積集為生死，若能斷之即和合僧也。出佛身血者，不知諸法自相共相是自心現量，乃由迷於八識，唯存七識，指七識妄覺而為佛儀，以三解脱無漏行，究竟斷除七識之佛，即出佛身血之義也。以上只略述之，委細請閱《楞伽經》第三，就《臨濟錄》知之，是就修行者權造無間，以順為逆取說，與實造無間之極惡業相反，凡衲僧家能堪惡辣接化者，在苦修艱行之上應為報答本生父母之恩，即須殺無明貪愛之父母。三千里外行腳修行中，終於本生之孃死去多時，自內權造之無間中陷於外實造之無間業，此悲嘆實無法愬其苦屈之處。「五逆」之字應「本生」之字也。

南康松巖秀和尚

諱永秀，嗣天童別山祖智，智嗣無準也。師曾住西林。

禮思大塔

台宗三祖惠思禪師，《佛祖統紀》第五云，「北齊尊者宿稟自然不俟親承，冥悟龍樹即空即假即中之旨，立為心觀以授南嶽，南嶽修之以淨六根，復以授智者，智者用之以悟《法華》」云云。「二祖北齊尊者惠文，姓高氏，當北朝魏齊之間行佛道」云云。三祖南嶽尊者惠思，姓李氏，元魏南陳州武津人也，以陳光大二年入居南嶽，師一日登祝融峰，嶽神會棋。神揖師曰：「師何來此？」師曰：「求檀越一坐具地。」神曰：「諾。」師即飛錫以定其處（今福嚴寺是也）。神曰：「師已占福地，弟子當何所居？」師即轉一石鼓，下逢平地而止（今嶽君塑像猶坐石鼓上）。師指巖下曰：「吾一生曾此坐禪，為賊斷首。」尋獲枯骨一聚（今福嚴一生巖）。至西南隅指大石曰：

「吾二生亦曾居此。」即拾髑髏起塔，以報宿修之恩（今二生塔）。又至蒙密處曰：「此古寺也，吾三坐曾托居此地。」因指人掘之，果有僧用器皿及堂宇之基，即築台為眾說《般若經》（今三生藏）。眾患無水，師以杖卓崖，虎因跑地，泉乃湧出（今虎跑泉）。大建元年九仙觀道士歐陽正則，觀山有勝氣，謀於眾曰：「此氣主褐衣法王，彼盛即吾法衰矣。」乃鑿嶽心為巫蠱事，埋兵器於山上。因跑奏曰：「北僧受齊幕而為之，宣帝（宣帝者陳第四主也，後主叔寶之父也）遣使可驗」云云。師飛錫往金陵，四門皆見師入，使者既至，遂同晉謁，帝座便殿見師乘空而下，梵相異常，驚悟其神，一無所問，以道士誣告罔上，令案治之，罪當棄市。師請曰：「害人之命非貧道意，乞放還山給侍眾亦足小懲。」帝可之，敕有司冶鐵為十四券，識道士十四名，周回其上封以敕印，令隨師還山，將行餞以殊禮，稱為大禪師，「思大」之名蓋得於此云云。

熟處難忘思大老　三生此地弄精魂
我來不敢低頭禮　窣堵婆鄰嶽帝門

第一句，抑曰：思大禪師為何戀戀難忘熟處呢？第二句，在此南嶽之處三度生換來住是何道理，是否徒弄精魂呢？抑抑形體之四大分離後，精魂會被前因所牽受後果，思大空假中之三觀修得成就，又嗣正傳於北齊尊者，且入法華三昧，何為不出離三界，於熟處南嶽戀戀不去？抑下處寓有托上之意味在。夫思大老之修力固是在涅槃大定，應無復來下生三界者，自利利他之願廣大願門，轉生自在不棄有緣眾生，當負大法久住之任，於南嶽三生弄精魂，太苦勞千萬了。「弄」之一字就仔細看之。第三句，蓋思大老之塔一生是在福巖，二生是在其西南，三生是在蒙密，皆在山上！嶽神昔獻地與師曰：「弟子當何所居？」師轉石鼓逢止於山下平地，今嶽君之塑像還在石鼓上，可知是在其廟山下。然今思大老之塔在山下者，或是後人之偽塔亦未可定。於茲禮塔之念不起，故云不敢低頭禮云。元來到思大塔之下即是為禮塔而去的。第四句，然思大老之窣堵婆在嶽神廟之鄰。「嶽帝」是嶽神，嶽神在山下平地，即變為昔思大士之度所，自稱弟子，今其廟門之番人同樣立於塔鄰置之，實無此道理也。然此窣堵婆是疑塔也故不拜，題有「禮思大塔」必定是已有禮塔了。此之謂吾們見性成佛之宗旨者，三生弄精魂的思大士，猶其塔邊嶽帝廟如守門番好像野鬼閑神之眷屬看待，實不能低頭禮拜抔。有妄解俗說者，不值一笑噴飯之限。

松巖徒擬誹議古人非到塔下事以常識足證也。

因記大師嘗復歸山中，道眾以老病苦，願奉田數頃充香積用以贖老身，師曰：「欲留田當從汝願。」因名留田莊，俗呼為道士贖身莊云，所賜鐵券悉收藏之。勒石記其事，題為〈陳朝皇帝賜南嶽思大禪師降伏道士鐵券記〉，時道眾私誓曰：「今世禪師神通皇帝官勢皆所不如也，後五百年此諸道士，當生汝法中，壞滅汝教。」禪師亦預記曰：「此諸道士害我無因，異日著我袈裟入我伽藍，壞害我遺體矣。」宋太宗時有大臣，出鎮湖南，經臨此山，歷覽遺蹤，謂眾僧曰：「異日道士得志必有報復，當埋碑石易莊名。」俾無蹤跡可尋，因改名天竺莊，而以碑券埋三生藏院云云。徽宋時大觀間道士林靈素，熒惑天聽，移文物色此事，以無跡可考遂止。及南宋時，乾道初有傑止菴者，來主此山，謂眾曰：「二生塔墮荒榛，瞻禮非便，當遷於三生塔。」蓋傑止菴，擬私其地為己塔也，即與執事者十四人，備斧钁開石龕，見靈骨，如黃金色，有石屏刻歐陽正則等名，轉報為今主首、知事、行僕，比今名不少差，眾人驚駭云。州縣聞之逮捕甚急，傑止菴輩皆逃散，寺眾復掩藏其骨云云。以上載於傳記之處，思大師滅後其塔所之變遷如此，宜哉松嚴偽塔有疑者也。

送維那之江西

喬松枯木鎖寒煙　一會黃梅尚儼然
八十四人休寐語　祖師在我屋頭邊

第一句，現成公案也。時松巖在黃梅，黃梅是五祖以來之禪林古刹，喬松古木鬱鬱鎖寒煙，有衲僧本分之古淡之趣，疏密肅寂之景色。第二句，其喬木鬱然之處即皆黃梅一會之大眾也，七百之高僧尚儼然著。第三句，夫今維那要往江西行腳。江西是昔時馬祖下出八十四人善知識，今續其道繞云即心即佛等與寢語云者此乎。那樣的寢語是不希聞的。第四句，要參真之祖師禪者，我屋頭邊之喬松枯木鎖寒煙處有此現成公案。請來參吧！見逃了此真趣即往江西亦枉費路途了。

送人之仰山

春雨春風路半千　集雲關險寸心堅

策勛全局看初著　拂袖藤條未舉前

第一句，述春時候送人之體也。又述春里程之遠也，經忍風雨之艱苦，具有五百里遠的仰山去參尋。第二句，集雲關是仰山之集雲峰。胡致陸詩云，「山下清泉迸石流，山前松竹自春秋，猿吟古寺偏深處，雲集諸峰最上頭。一老有靈飛窣堵，二神無語鎖寒湫，諸天更在藤蘿外，欲到峰前恨未由。」又霍山景通禪師參仰山，山閉目坐，師翹起右足曰：「如是如是，西天二十八祖亦如是，中華六祖亦如是，和尚亦如是，景通亦如是。」仰山起來打四藤條，師因此自稱「集雲峰下四藤條天下大禪師」云云。扨且忍行五百里之艱苦不啻，仰山之集雲峰的險關是不容易的透過呢？以寸心寸鐵之心以喝則摧之勢來透過這銀山鐵壁。第三句，此人似乎是圍碁之巧者，故說出仰山透關之手段，凡圍碁者欲透過全局奏功不成變為後手，沒有先下一著手是不能策出功能的，以初著看之。第四句，霍山於「如是如是」之下，被四藤條打擄，漸而透過集雲之險關，自謂「天下大禪師」而乘名，在此行先出一著手，以仰山之藤條未舉以前，悠然地拂袖出去，連仰山亦無法著手，因之依仰山言而斯頌。霍山不是參仰山，但舉當時之住山師家用仰山之家風，依其機緣而送其行，是偈頌之體裁也。

濁巷

依五祖之因緣，雖祖周氏之產處，不詳之故投為濁巷，前靈叟源之〈五祖栽松〉偈有註，可參觀之。

栽松元不為衣盂　轉得身來姓又無
濁卻黃梅一江水　累他兒女費分疏

第一句，破頭山下五祖栽松，當時是無念無修無證，受四祖之衣鉢等云，都沒有什麼野心，逢四祖聞法時，四祖云：「汝年老，再來時我待汝。」第二句，宿於周氏之少女借胎，遂轉生此身，固然是無父之周氏小女之子，當然無姓。四祖道信大師見小兒之骨相奇異，問曰：「汝何姓？」答曰：「佛性。」大師又曰：「汝無姓。」答曰：「姓空故無。」第三句，由是入本題，以抑下之句頌之。元來破頭山下之栽松行者之時是沒有濁氣的，是無修無證之老人，逢四祖而始懂了濁氣，遂投周氏娘之無心清潔心中，出生後為不祥而投入、拋棄水中，至今還將此處為濁巷，以濁卻萬古黃梅一江之清水。第四句，以不必要之事來累了他周氏女而姙身再來，有何可以補償呢？此句涉二頭解之。周氏女生了無父之子我亦不知，分疏費而不立理由。又五祖邊解之，徒累周氏女費卻分疏亦無法申出理由。「分疏」者疏是通之義，申開之意，語錄有「分疏不下」等之語，白狀難得者也。

血書金剛經

向一針鋒上策功　二千年遠話流通
淋漓十指娘生血　染得祇園葉葉紅

第一句，「一針鋒」者刺血之針也，向此針鋒策畫〈血書金剛經〉。「策」者謀也、籌也；「策功」是立功之謀略，以金剛堅固之針來刺我這煩惱執著之身，將其執著之血化為金剛不壞之般若智的目的之策。第二句，佛在二千年前的遠昔於舍衛國，在天竺波斯匿王之城中受祇園太子所施捨具有樹木之給孤獨園，於須達長者所寄附的公園內，宣說的經文，今日刺血書之以便流通。凡經典均有序、正、流通等分為三段。序即述其經起因緣，正宗分即明其經之宗旨，流通即迄於末世流通付託大法久住之述文。今刺血書之以承付託二千年前之如來正法。第三句，「娘生」者，娘之本字為「孃」是母親也。母之血肉的分給之愛念凝結與我身愛執的十指之血亦不惜，淋漓而絞出。第四句，在祇園、孤獨園所說的《金剛經》文，用筆頭來染得貝多羅葉之經卷變成真紅色，「葉葉」之二字與「祇園葉葉」兼通於貝多羅葉。經書本也。

仰山性侍者回里

向一毫端點發時　堂前卍字愈增輝
歸程不怕春風惡　紙襖重重勝錦衣

第一句，性侍者是仰山之內記侍者、書狀等之司職分也。故云「一毫端」與一筆上而白言之義也，其筆端一點要發輝時。第二句，仰山法堂曰卍字堂，一日仰山坐次，有僧來作禮，仰山不顧，其僧乃問：「師識字否？」山云：「隨分。」僧右旋一匝曰：「是什麼字？」山於地上書十字酬之。僧又左旋一匝曰：「是什麼字？」山改十字為卍字，僧以兩手托卍相，如修羅掌日月勢云：「是什麼字？」山乃畫此卍相對之，僧乃作婁至德勢。山曰：「如是如是。此是諸佛之所護念，汝亦如是，吾亦如是，善自護持。」其僧禮謝騰空而去。後經五日有一道者問山，山曰：「汝亦見否？」道者曰：「某甲見出門騰空而去。」山曰：「此是西天羅漢，故來探吾道。」道者云：「某雖覩此種種三昧，未解其理。」山曰：「吾以義為汝解釋。此是八種三昧，是覺海變為義海，體則同，然此義合有因有果，即時異時，總別，不離隱身三昧也。」此是九十七箇之圓相，其一也，是便義海也，山乃畫此卍字相云云。此侍者司內記，以一毫端而發輝仰山法堂愈盛，增加了卍堂額之光輝。第三句，今性侍者云歸鄉里，但時節餘空猶未退，為春風強吹行路雖難，都無可怕的氣色其行狀壯碩，則送人之體也。第四句，「紙襖」是侍者之機緣語也。雲門禪師尋常室中之語話不許人錄，香林遠侍者以紙作衣襖密密記之，示寂後流轉於世云云。漢《朱買臣傳》云，買臣上書拜中大夫，久之為會稽太守。武帝曰：「富貴不歸鄉如衣錦夜行」云云。香林侍者在雲門之處十八年勤務為侍者，將雲門室中之語錄盡書在衣襖之中，大概性侍者會將其仰山語帶回呢？一毫端而發輝的手腕以書之被在紙襖內取回故鄉的話，實是比起穿了錦袍歸鄉不知勝過幾萬倍了。

因卍《志誠纂要》云：卍梵云室利靺瑳，此云吉祥海雲，如來胸臆有大人相，形如卐字，名吉祥雲海。《華嚴音義》云：「案卍字本非是字，大周長壽二年主上權制此文，著於天樞，音之為萬，謂吉祥萬德之所集也。」經中上下據漢本，總一十七字，同呼為萬，依梵本有二十八相云云。卐苑師云此是西域萬字佛胸前吉祥相也，卍音萬是吉祥勝德之相，由髮右旋而生似卍字，梵云塞縛悉底迦，此云有樂。有此相者必有安樂，若卍永萬萬字是此方字云云。

寄吳江聖壽月谷老人

月谷無傳，蓋松巖之舊知人。

東望臨風首屢搔　空言無益累鴻毛
吳疆四載三為客　爭說廬陵米價高

第一句，思慕其人之意。月谷有時住於東吳故云「東望」，常慕月谷之風采，時而憶起無法相逢為由。「首屢搔」者欲逢而不遂而孤悶，常以手搔其頭之情。第二句，擬將事情若非當面逢談，只用書面是空言無益的，「累鴻毛」者只累郵便腳夫之意。「鴻毛」即雁信。前漢蘇武，武常時以中郎將持節使匈奴，單于欲降之，乃幽武置大窖中，絕不飲食，天雨雪武臥齧雪與氈毛併咽之，數日不死，匈奴以為神，乃徙武北海上使牧羊，羝乳乃得歸。武杖漢節牧羊臥起，操持節旄盡落。昭帝立，匈奴與漢和親，漢求武等，匈奴詭言武死矣。漢使者云，天子射上林中得雁，足有係帛書，言武在某澤中。由是得還云云。今此之鴻毛出此典據，鴻雁即用於書信之成語也。第三句，在吳之疆域雖住四年，其中作客三次就往他鄉了。第四句，依其故久未逢消息亦不通。近來月谷老人之道價未審如何？爭說之事依因不逢無法了解，耳聞因為水難而廬陵邊之米價騰貴，月谷之常住庫下如何也之意。舊說一本「客」字作「壑」，四年以來三年是大洪水吳疆之水田皆變成壑，凶作繼續，爭說米價騰貴，以解之。此說似乎以其時節風俗類似，但不合鑿空氏之意，且記侍來賢之斷。

因吉州青原思禪師，僧問如何是佛法大意，廬陵之米作麼價，月谷吉州人故用此公案。

北海出世崇福住淨慈為愚極

北海初出世崇福，嗣法香為虎巖伏燒焉；住淨慈即嗣法香為愚極燒焉。古人嗣法香兩燒難解，蓋愚極真師也。

蘇柳低垂金線長　鵝黃染就嫁衣裳
湖心片月開宗鏡　歲晚歸來學母妝

第一句，元祐間蘇東坡築堤於湖上，由孤山抵北山夾道植柳，後稱蘇公堤云。淨慈寺門前之雕公堤之柳與春日暖風連成金線長長低垂的風光云。第二句，「鵝黃」即是柳色嫩綠像鵝鳥之嘴有很多黃色云。此色非正色，柳之新芽色非純青色，像其新生芽之柳色染成，穿如金線絲織出之嫁衣裳來崇福住山，以北海新婦子之禪二句暗誹之。第三句，淨慈寺昔為永明壽禪師編纂《宗鏡錄》之處，寺前之西湖月出而寫影之趣確實如鏡，此處開了宗鏡之眼目。開甚麼？第四句，看新婦子之崇福不長居，歲晚又會歸來淨慈寺，愚極之老婆禪遂取出片月湖鏡，成了虎巖之子的顏面，更為之化妝為我子之顏容，嗣我法。鼇空氏曰：雖此偈雕飾繡麗相似中間仔細參之，抑揚褒貶尤多，「嫁衣裳」、「學母妝」等之文字，共刺斥北海，愚極復何面皮呢？

懶瓚巖

巖在南嶽祝融峰下。《通論》云，南嶽明瓚禪師者，不知何許人，初宰相李泌乾元中辭入衡嶽，瓚隱居上封。泌往謁之，瓚誦經其聲先悲悽，而後豫悦，泌雅知音。因謂曰：「將非避隱者有雲霄意乎？」瓚唾之曰：「莫相賊，莫相賊。」泌色不為動，瓚久之見泌立侯不懈，乃曰：「飯未。」泌曰：「未。」瓚撥火出芋食，泌與語久之辭去，瓚撫其背曰：「好做十年宰相。」至是泌用事，為帝言，其高行，有詔徵之，使者至石窟宣麻命曰：「尊者起謝恩。」瓚寒涕垂頤，凝坐略不以介意，使者歎其淳正，不之迫。回奏其事，帝咨美之，數回召不起。瓚嘗著歌一篇，其略曰：「世事悠悠不如山丘，青松蔽日碧澗長流，山雲當幕夜月為鈎，卧藤蘿下塊石枕頭，不朝天子豈羨王侯，生死無慮更復何憂」云云。瓚嗣法嵩山普寂，寂嗣瓚巖，北宗下也。

香浮黃獨地爐紅　詔墨新題懶剎封
閱世難移清苦節　西方吹上祝融峰

第一句，「黃獨」在《本草綱目》赭魁註，「黃獨肉白皮黃，巴漢人蒸食之，江東謂之土芋。」江西謂之土卵，蒸煮食之類芋魁。或云獨音犢芋，毛生貌似黃犢也，一名蹲鴟。月磵頌云，「天子親頒字十行，難徵老子起巖房，只將牛糞星兒火，煨得蹲鴟萬古香。」又印月江懶瓚巖讚云，「嶽頂雲深絕路行，卧藤蘿下過平生，十年宰相輕饒舌，一箇高僧擅懶名，芝詔忽臨天咫尺，芋煨從此價連城，如斯標致今誰是，更看黃河幾度清。」懶瓚和尚將牛糞煨芋之句，卻成了其人之標致香氣，其氣殘留於巖邊。「地爐紅」即云煨芋當時之境狀。第二句，德宗詔書之題以中使徵召，懶瓚不顧，其詔書亦不開封，而煨黃獨流著鼻水而食，蓋懶瓚尊者風習薰道福存身，在寒巖之下比錦綉為暖。黃獨之滋味比昆羹更美，其清高標致，如斷巖絕壁，非常流之漢手腳所著。雖國王之威福亦不能移。嗚呼，末世鈍根道行徒，濫纏紫緋之輩身畏縮於官者，阿諛富貴者且至恥也。頹泚豈可也。第三句，懶瓚之道名千古傳薰此巖，雖閱世星移，其清苦之高節今猶被衆人之欽望處，與昔不異，芳傳百世難移。

第四句，祝融峰下之懶瓚巖畔有千歲之老松，蒼鬱如見尊者之節操，西風之清涼聲語吹上祝融峰今尚在在不絕也。佛海遠禪師頌云，「打鼓看來君不見，萬年松在祝融峰。」於乎其人雖末年久，無情木石道價猶存。

縈維那

玉出荊山瑩絕瑕　一鎚擊破愈光華
無陰陽地春風轉　散作桃源洞口花

第一句，胡北路江陵府有荊山。《郡誌》曰：「景山金玉所出，卞和得玉於此獻楚厲王及武王，皆以為石，刖其兩足，和抱璞哭於荊山之下」云云。荊山有抱璞巖，是卞和宅也。此偈古疏云：謂下火之偈云，或不然（以下火為引導事），火葬時下火之義云者。既謂瑩之名，應看謂玉之瑩光，玉出於荊山，瑩而無瑕，以其人視為玉。第二句，「鎚」元來是鎚器為擊物之具，吾們有白槌之句非槌碪之事。槌碪即聲為主，鎚即以打擊為主，此玉一鎚擊破即片片皆光華也，玉碎成微塵玉屑粉粉盡光華也。蓋以瑩維那之名而頌之，即不能成鎚碎不及破壞，云「一鎚擊破」乃可視為下火之頌。第三句，「無陰陽地」果是瑩維那之寂滅定中事，以此陰陽不到處即春風吹轉成一片好風光呢，好像春外之春云。第四句，維那之機緣頌之，昔應菴曇華禪師作虎丘之維那，圓悟下之老宿聞之嘲笑，虎丘作偈解之，「江上青山殊未老，屋頭春色放教遲，人言洞裡桃花嫩，未必人間有此枝。」由此以維那寮為此枝寮。第二句，依「光華」之字而擊破之，玉散為片片成為桃源洞口之桃花，綺麗如銜春色，可能以桃花見作上品蓮花台之花也。

因「無陰陽地」是舉七賢女因緣。《會元》一，世尊因七賢女遊屍陀林，一女指屍謂諸姊曰：「屍在這裡人向甚處去？」一女曰：「作麼作麼？」諸婦諦觀各各契悟，感帝釋散花曰：「惟願聖姊有何所得，我當終身供給。」女曰：「我家四事七珍悉皆具足，唯要三般物。一無根樹子一株，二無陰陽地一片，三叫不響山谷一所。」帝釋曰：「一切所須我悉有之，若三般物我實無有。」女曰：「汝若無此爭解濟人？」帝釋罔措，遂同往白佛。佛言：「憍尸迦！我諸弟子大阿羅漢不解此義，唯有諸大菩薩乃解此義」云。

桃源晉大元中，武陵漁人，溪行忽逢桃源林得一山，從小口入行數十步，土地平曠屋舍嚴然，田地桑竹悉如外人，見漁人大驚。自云：「先世避秦亂來絕境。」問：「今何世？」乃不知有漢、魏、晉。漁人辭去，詣太守言，即遣人隨往，竟迷不得如門，巨石屏蔽，靈跡猶存，有水自中流出涓涓不絕。淵明有記。

定藏主拜諸祖塔

滿目累累窣堵婆　湘潭南北活埋多
生前死後彌天罪　連累平人入草窠

第一句，禮諸祖之塔，在浙江之間處處有故云累累滿目，墳隴接續之形容也。第二句，耽源國師塔之偈云「湘之南，潭之北」，取來其緣字云「湘潭南北」，尤為指塔之所在。「活埋多」即全篇之骨子也。《臨濟錄》之行錄云，（前章省略）師钁地云：「諸方火葬，我這裡一時活埋。」諸方諸師是死佛也，火葬是釋迦開始，不嫌死佛，取極會污染腳手，寧是活佛為宜，佛或祖師若死了都沒有用處，若非活活潑潑地動作是沒有用的，今拜這滿目累累之湘南潭北之諸祖塔者，要拜其死所是不當的，要拜其活所不生不滅百年萬年活潑潑地也，故「活埋」而頌之。山河大地盡大地盡是黃金了，活活地存在也。第三句，用抑下法。生前上堂說法，或用各種手段以勘辨學者，死後猶留著言句法語如生前說法一樣存在了慧命，而罵為彌天大罪，此是活所也。活而埋之也。偖之慘酷非道之老爺了，其罪難赦，取一期決意受萬劫餘殃。此抑下句中之返意兆出托上是強意在可知。第四句，其罪累及乎人之定藏主迄至連坐來拜塔，投入此空山之草深窠窟。抑此事猶有諸祖之慧命活在故，態態前來拜塔，暗應「活埋」之句意也。此謂抑下托上法云。

石霜亷和尚

石霜嗣徑山荊叟珏，珏嗣天童癡鈍穎，穎嗣惑菴體，體嗣此菴元，元嗣佛果。

嚼雪

或云室之扁額也，蓋是茶堂之額否。

嚇得饑腸不鼓雷　牙根冷地放春回
味中不帶犬羊氣　元是漢家天上來

第一句，「嚇得」即怒也，又以口拒人也，見於《字書》。此句是脅畏之意。「饑腸」即腹中餓而雷鳴也。第二句，因為嚼雪而牙根侵冷，但其中卻會生出暖氣，腹飢亦忘而如春之回，口中暫暖也。第三句，是作者之真意也。雪之真意何在？嚼雪故事在前松巖之〈寄吳江聖壽月谷老人〉偈註有引蘇武傳。蘇武不食匈奴投與之食，嚥取天降之雪，漢來之氈毛維生。今彼雪之真味即如此，於清潔淡泊之中沒有帶著犬羊胡臭之氣，一嚼口中甚覺爽快。蓋龕公在元初，猶慕大宋之正朝是宋之遺民，食胡元之粟【•】不漂，故〈嚼雪〉之偈諷之，憩松坡之篇終裁之，全篇之感慨寫意萬千。第四句，元來此雪謂漢家天上者，和擬蘇武云：「實自大宋之天上降來也。」天是處於正，雖春秋四時相遷，事乃古來不變，不比彼之賈似道輩之奸黨望私榮，醜國虜良出賣賢臣不同，且天非胡元偽朝之天。此雪是降自正義之天的雪，以清潔之口來入節僧之口中，胡元犬羊之臭氣絲毫不染也。

擱筆曰

江湖文字成波瀾　湘月潭雲收筆端
混沌鑿來三百偈　宋之高衲接眉看

新編江湖風月集（卷下）

一九八八年四月十六日

兩棲佛資，全妙抄纂畢於祇園茅廬

新編江湖風月集（卷下）終

譯者摸象結語曰

宗匠章句寓意多　有待來者添苦勞
闡出真趣傳沙界　勿令古德淚成河

附錄：《一真法句淺説》悟光上師《證道歌》

一真法句淺說

唵乃曠劫獨稱尊，今大毘盧即我身，時窮三際壽無量，體合乾坤唯一人。文

唵又作嗡，音讀嗡，嗡即皈命句，即是皈依命根大日如來的法報化三身之意，法身是體，報身是相，化身是用，法身的體是無形之體性，報身之相是無形之相，即功能或云功德聚，化身即體性中之功德所顯現之現象，現象是體性功德所現，其源即是法界體性，這體性亦名如來德性，佛性，如來即理體，佛即精神，理體之德用即精神，精神即智，根本理智是一綜合體，有體必有用。現象萬物是法界體性所幻出，所以現象即實在，當相即道。宇宙萬象無一能越此，此法性自曠劫以來獨一無二的真實，故云曠劫

独稱之。此体性的一中有六种不同的性質，有堅固性即地、地無非一味，其中還有無量無边屬堅固性的原子，綜合其堅固性假名為地。是遍法界無所不至的，故云地大。其次屬於濕性的無量無边德性名水大，屬於煖性的無量無边德性名火大，屬於動性的無量無边德性曰風大，屬於容納無礙性的曰空大。森羅万象，一草一木，無論動物植物礦物完全具足此六大。此六大之總和相涉無礙的德性遍滿法界，名摩訶毘盧遮那，即是好像日光遍照宇宙一樣，翻譯大日如來。吾們的身体精神都是祂幻化出來，故云六大毘盧即我身，這毘盧即是道，道即是創造万物的原理，當然万物即是道体。道体是無始無終之靈体，沒有時間空間之分界，是沒有過去現在未來，沒有東西南北，故云時窮三际的无量寿命者，因祂是整個宇宙為身，一切万物的新陳代謝為命，永遠在創造為祂的事業，祂是独单的不死人，祂以无量時空為身，沒有與我第二者同居，是個绝对孤单的老人，故曰体合乾坤唯一人。

虛空法界我独步，森羅万象造化根，宇宙性命元灵祖，光被十方无故新。

祂在这无量无边的虛空中自由活動，我是祂的大我法身位，祂容有无量无边的六大体性，祂有无量无边的心王心所，祂有无量无边的万象種子，祂以蒔種，以各不同的種子與以滋潤，普照光明，使其現象所濃縮之種性與以展現成為不同的万物，用祂擁有的六大為其物体，用祂擁有的叡智精神（生其物）令各不同的万物自由生活，是祂的大慈大悲之力、祂是万象的造化之根源、是宇宙性命的大元灵之祖，万物生從何來？即從此來、死從何去？死即歸於彼處，祂的本身是光、万物依此光而有，但此光是窮三際的無量壽光，這光常住而遍照十方，沒有新舊的差別。凡夫因執於時方，故有過去現在未來的三際、有東西南北上下的十方觀念、吾人若住於虛空中、即三際十方都沒有了。物質在新陳代謝中凡夫看來有新舊交替。這好像機械的水箱依其循環、進入來為新、排出去為舊。根本其水都沒有新舊可言。依代謝而有時空、有時空而有壽命長短的觀念，人們因有人法之執、故不能窺其全體，故迷於現象而常沉苦海無有出期。

、隱顯莫測神最妙、璇轉日月貫古今、貪瞋煩惱我袪歸、

生殺威權我自與。文

毘盧遮那法身如來的作業名羯磨力，祂從其所有的種子注予生命力，使其各類各各需要的成分發揮變成各具的德性呈現各其本誓的形体及色彩，味道，將其遺伝基因寓於種子之中，使其繁延子孫，這源動力還是元靈祖所賜。故在一期一定的過程後而隱沒，種子由代替前代而再出現，這種推動力完全是大我靈体之羯磨力，凡夫看來的確太神奇了，太微妙了。不但造化萬物，連太空中的日月星宿亦是祂的力量所支配而運行不休息，祂這樣施与大慈悲心造宇宙万象沒有代價，真是父母心，吾們是祂的子孫，却不能荷負祂的使命施与大慈悲心，迷途的衆生真是辜負祂老人家的本誓的大不孝之罪。祂的大慈悲心是大貪，衆生欲負祂的本誓、祂会生氣，這是祂的大慈、但衆生還在不知不覺的行為中、如有怨嘆、祂都不理而致之、還是賜我們衆生好好地生活着、這是祂的大癡、這貪瞋癡是祂的心理祂本有的德性、本来具有的、是祂的密號。祂在創造中不斷地成就衆生的成熟。如菓子初生的時只有發育、不到成熟不能食、故未成熟的菓子是苦澁的、到了長大時必須使其成熟故應前以殺氣才能成熟、有生就應有殺、加了殺氣之後成熟了、菓子就掉下来、以世間看来是死、故有生必有死、這種生殺的權柄是祂獨有、万物皆然、是祂自然的記號、故云生殺威權我自興。祂恐怕吾創造落空、不斷地動祂的腦筋、便吾創造不空成就、這些都是祂為衆生的煩惱這煩惱還是祂老人家的本誓云密號，本有功德也。

六道輪迴戲三昧，三界唯納在一心，魑魅魍魎邪精怪，妄為執着意生身。」文

大我佛性的創造中有動物植物礦物，動物有人類、禽獸、水族、蟲類等具有感情性慾之類，植物乃草木具有繁殖子孫之類、礦物即礦物之類。其中人類的各種機能組織特別靈敏，感情意欲思考經驗特別發達，故為萬物之靈長、原始時代大概相安無事的、創了文明發達就創了禮教，有了禮教擬將教化使其返樸歸真，創了教條束縛其不致出規守其本分，卻成其反造成越規了，這禮教包括一切之法律、法律並非道之造化法律，故百密一漏之處在所難免，有的法律是保護帝王萬世千秋不被他人違背而設的，不一定對於人類自由思考有幫助，所以越嚴格越出規，所以古人

沒礼出有大偽、人類越文明越不守本份，欲望横飛要衝出自由，自由是万物之特權之性。因此犯了法律就成犯罪，罪是法沒有自性的、看所犯之輕重論處，或罰款或勞役或坐牢，期間屆滿就無罪了。但犯了公約之法律或逃出法網不被發現、其人必会悔而自責、誓不復犯、那麼此人的心意識就有洗滌潛意識的某程度，此人必定還会死後再生為人、若不知悔但心中還常感苦煩、死後一定墮地獄、若犯罪畏罪而逃不敢面对現実、心中恐懼怕人發見、这种心意識死後会墮於畜生道。若人欲望熾盛欲火冲冠、死後必定墮入餓鬼道。若人懷作善意欲求福報死後会生於天道。人心是不定性的、所以在六道中出殁沒有了時、因為它是凡夫不悟真理才会感受苦境。苦樂感受是三界中事、若果修行悟了道之本體，與道合一入我我入，成為乾坤一人的境界，向下觀此大道即是建出強好現像，都是大我的三昧遊戲吧了。能感受所感受的三界都是心，不但三界，十界亦是心。故三界滙納在一心。魑魅魍魎邪精怪是山川木石等孕育天地之靈氣，然後受了動物之精滙幻成，受了人之精滙即能變為人形，受了猴之精滙變猴，其他類推，這種怪物即是魔鬼，它不會因过失而懺悔，任意胡為，它的心是是一种執着意識，以其意而幻形，此后意成身。幻形有三條件，一是幽質，二是念朔材質，三是物質，比如說我們要畫圖，在紙上先想所畫之物，這是幽質，未動筆時紙上先有其形了。其次提起鉛筆繪個形記稿，此即念朔材質，次取來顏色塗上，就變成立體之相，即可亂真了。

喑啞朦聾殘廢疾、痛魔纏縛自迷困，心生覺了生是佛，心佛未覺佛是生文

人們自出生時或出生了後，罹了喑啞、或眼盲、或耳聾或殘廢疾病、都由前生所作的心識有關，過去世做了令人憤怒而被打了咽喉，或眼目、或殘廢，或致了痛入膏肓而死，自己還不能懺悔，心中常存怨恨，這種潛意識帶來輪生，其遺伝基因被其破壞，或生肌肉或出生後会現其相。前生若能以般若來觀照五蘊皆空，即可洗滌前愆甚至解縛証道，眾生困迷不解於宇宙真理，執着人法故此也。人們的造惡業亦是心，心生執着而不自覺即迷沉苦海，若果了悟此心本來是佛性，心生迷境而能自覺了，心即回歸本來面目，那個時候迷的眾生就是佛了。這心就是佛，因眾生迷而

不覺故佛不更衆生，是迷悟之一念間，人們在該生心之起念間要反觀自照以免隨波着流。

罪福本空無自性，原來性空無所憑，我這一覺超生死，慧光朗照病除根。

罪是違背公約的代價，福是善行的人們代價，這都是人我之間的現象界之法，在佛性之中都沒有此物，六道輪迴之中的諸心所法是人生舞台的法，人們只迷於舞台之法，未透視演戲之人，戲是假的演員是真的，任你演什麼好忠角色，對於演員本身是毫不相關的，現像無論怎麼演變，其本來佛性是如如不動的，所以世間之罪福無自性，原來其性本空。沒有什麼法可憑依。戲劇中之盛衰生死貪富根本面佛性的演員都沒有一回事。法華經中的譬喻品有長者子的寓意故事，有位長者之子本來是無量財富，因出去玩要被其他的孩子帶走、以致迷失不知回家、成為流浪兒、到了長大還不知其家、亦不認得其父母、父母還是思念，但迷兒淪浪了終於受傭於其家為奴、雙方都不知是父子關係、有一天來了一位和尚，是有神通的大德，對其父子說你們原來是父子，那個時候當場互為相認，即時回復父子關係、子就可以繼承父親的財產了。未知之前其子還是貧窮的、了知之後就成富家兒了。故喻迷沉生死苦海的眾生若能被了悟的大德指導、一覺大我之道就超生死迷境了。了生死是了解生死之法本來迷境、這了悟就是智慧、智慧之光朗照、即業力的幻化迷境就消失、病魔之根就根除了

阿字門中本不生、吽開不二絕思陳、五蘊非真業非有、

能所俱泯歸主處文

阿字門即是涅槃体、是不生不滅的佛性本体、了知諸法自性本空沒有實体，眾生迷於人法，金剛般若經中說的四相、我相、人相、眾生相、壽者相，凡夫迷著以為實有，四相完全是戲論、佛陀教吾們要反觀內照，了知現象即實在，要將現象融入真理，我與道同在，我與法身佛入我我入成為不二的境界，這不二的境界是絕了思考的起沒，滅了妄諸念頭、靈明獨耀之境界，所有的五蘊是假的，這五蘊堅固就是世間所云之靈魂，有這靈魂就要輪迴六趣了，有五蘊就有能思與所思的主賓關係，變成心所諸法而執著、能所主賓斷了，心如虛空，心如虛空故與道合一，即時回歸不生不滅的阿字門，不然的話，迷著於色聲香味觸之法而認為真，拔生起貪愛，瞋恚、愚癡等罣蓋佛性，把了生死當樂感受，諸法是戲論，佛性不是戲論，佛陀教吾們不可認賊為父。

了一切三世一切佛，應觀法界性一真，一念不生三三昧，我法二空佛印心。文

應該一切道三世一切的覺者是怎樣成佛的，要了知一個端的玄觀這法界森羅萬象是一真實的涅槃性所現，這是過去佛現在佛未來佛共同所修觀的方法，一念生萬法現，一念若不生就是包括了無我、無相、無願三種三昧，這種三昧是心空，不是無知覺，是視之不見，聽之不聞的靈覺境界此乃一真法性當体之狀態，我執法執俱空即是入我之入，佛心印我心，我心印佛心，達到這境界即入禪定，禪是体

定是心不起、二即一、衆生成佛。釋迦拈花迦葉微笑印此端的。因為迦葉等五百羅漢，均是不發大心的外道思想意識潛在，放開了方便手指畢波羅就輾動，大衆均不知用意、但都啞然一念不生注視着、這端的當作印佛性本來面目、可惜錯过機会，只有迦葉微笑表示領悟、自此別開一派的無字法門禪宗，見性了緣不能發大心都是獨善其身的自了漢。

菩薩金剛鉄眷屬、三緣無住起悲心、天龍八部隨心所、神通變化攝鬼神。

羅漢在高山打盖睡，菩薩落荒草，佛在世間不離世間覚、羅漢入定不管世事衆生死如在高山睡覚、定力到極限的時候就醒来，会起了念頭、就隨下来了。菩薩是了悟衆生本質即佛德、已知迷是苦海、覺悟即極樂、菩薩已徹底了悟了、它就不怕生死、留惑潤生、拯救沉沒海中的眾生、如人已知水性了、入於水中會游泳，苦海要成游泳池、眾生是不知水性故會沉溺，菩薩入於眾生群中、猶如一支好花入於蔓草之中、鶴立雞群、一支獨秀、佛世間、眾生世間、器世間、都是法界佛性所現、在世間覺悟道理了、就是佛、所以佛在世間並無離開世間。佛是世間眾生的覺悟者菩薩為度眾生而開方便法門、很有頑固的眾生不受教訓、菩薩就起了忿怒相責罰、這就是金剛、這是大慈大悲的佛心所流露之心所，其佛即佛、心王心所是佛之眷屬、這種大慈大悲的教化眾生之心所、是沒有能度所度及功勞的心無住生心、歸納起來菩薩金剛都是大悲毘盧遮那之心。

此心印佛心，要度天或鬼神就變化同其趣。如天要降雨露均沾法界眾生就變天龍，要守護法界眾生就變八部神將，都是大日如來心所所流出的。祂的神通變化是莫測的，不但能度的菩薩金剛、連鬼神之類亦是毘盧遮那普門之一德、普門之多的總和即總持，入了總持即普門之徒具備、這總持即是心。

無限色声我實相、文賢加持重重身、聽我法句認諦理、

一轉彈指立歸真。

心是宇宙心、心包太虛，太虛之中有無量基因德性、無量基因德性即普門、色即現前之法、声即法相之語、語即道之本体、有其声必有其物、有其物即有其色相、無限的基因德性、顯現無限不同法相、能認識之本体即佛性智德

、顯現法相之理即理德、智法曰文殊、理德曰普賢，法界之森羅萬象即此理智冥加之法，無量無邊之理德及無量無邊之智法，無論一草一木都是此妙諦金之冥加的總和，此是基因德性之不同，顯現之物或法都是各各完成其使命之相，若不如是萬物即呈現清一色、一味、一相，都沒有各各之使命標幟了。這無限無量的基因德性曰功德，這功德都藏於一心之如來藏中，凡夫不知故隨後天收入的塵法為真，將真而假合體，認為阿賴耶識，自此沉迷三界苦海了。人們若果醒了這道理而覺悟，即不執于塵立地成佛了。

附錄：《一真法句淺說》——悟光上師《證道歌》

【全文】

嗡乃曠劫獨稱真，六大毘盧即我身，時窮三際壽無量，體合乾坤唯一人。

虛空法界我獨步，森羅萬象造化根，宇宙性命元靈祖，光被十方無故新。

隱顯莫測神最妙，璇轉日月貫古今，貪瞋煩惱我密號，生殺威權我自興。

六道輪回戲三昧，三界匯納在一心，魑魅魍魎邪精怪，妄為執著意生身。

喑啞蒙聾殘廢疾，病魔纏縛自迷因，心生覺了生是佛，心佛未覺佛是生。

罪福本空無自性，原來性空無所憑，我道一覺超生死，慧光朗照病除根。

阿字門中本不生，吽開不二絕思陳，五蘊非真業非有，能所俱泯斷主賓。

了知三世一切佛，應觀法界性一真，一念不生三三昧，我法二空佛印心。

菩薩金剛我眷屬，三緣無住起悲心，天龍八部隨心所，神通變化攝鬼神。

無限色聲我實相，文賢加持重重身，聽我法句認諦理，一轉彈指立歸真。

唵乃曠劫獨稱真，六大毘盧即我身，時窮三際壽無量，體合乾坤唯一人。

【釋義】

唵又作唵，音讀嗡，嗡即皈命句，即是皈依命根大日如來的法報化三身之意，法身是體，報身是相，化身是用，法身的體是無形之體性，報身之相是無形之相，即功能或云功德聚，化身即體性中之功德所顯現之現象，現象是體性功德所現，其源即是法界體性，這體性亦名如來德性、佛性，如來即理體，佛即精神，理體之德用即精神，精神即智，根本理智是一綜合體，有體必有用。現象萬物是法界體性所幻出，所以現象即實在，當相即道。宇宙萬象無一能越此，此法性自曠劫以來獨一無二的真實，故云曠劫獨稱真。此體性的一中有六種不同的性質，有堅固性即地，地並非一味，其中還有無量無邊屬堅固性的原子，綜合其堅固性假名為地，是遍法界無所不至的，故云地大。其次屬於濕性的無量無邊德性名水大，屬於煖性的無量無邊德性名火大，屬於動性的無量無邊德性曰風大，屬於容納無礙性的曰空大。森羅萬象，一草一木，無論動物植物礦物完全具足此六大。此六大之總和相涉無礙的德性遍滿法界，名摩訶毘盧遮那，即是好像日光遍照宇宙一樣，翻謂大日如來。吾們的身體精神都是祂幻化出來，故云六大毘盧即我身，這毘盧即是道，道即是創造萬物的原理，當然萬物即是道體。道體是無始無終之靈體，沒有時間空間之分界，是沒有過去現在未來，沒有東西南北，故云時窮三際的無量壽命者，因祂是整個宇宙為身，一切萬物的新陳代謝為命，永遠在創造為祂的事業，祂是孤單的不死人，祂以無量時空為身，沒有與第二者同居，是個絕對孤單的老人，故曰體合乾坤唯一人。

虛空法界我獨步，森羅萬象造化根，宇宙性命元靈祖，光被十方無故新。

祂在這無量無邊的虛空中自由活動，我是祂的大我法身位，祂容有無量無邊的六大體性，祂有無量無邊的心王心所，祂有無量無邊的萬象種子，祂以蒔種，以各不同的種子與以滋潤，普照光明，使其現象所濃縮之種性與以展現成為不同的萬物，用祂擁有的六大為其物體，用祂擁有的睿智精神(生其物)令各不同的萬物自由生活，是祂的大慈大悲之力，祂是萬象的造化之根源，是宇宙性命的大元靈之祖，萬物生從何來？即從此來，死從何去？死即歸於彼處，祂的本身是光，萬物依此光而有，但此光是窮三際的無量壽光，這光常住而遍照十方，沒有新舊的差別。凡夫因執於時方，故有過去現在未來的三際，有東西南北上下的十方觀念，吾人若住於虛空中，即三際十方都沒有了。物質在新陳代謝中凡夫看來有新舊交替，這好像機械的水箱依其循環，進入來為新，排出去為舊，根本其水都沒有新舊可言。依代謝而有時空，有時空而有壽命長短的觀念，人們因有人法之執，故不能窺其全體，故迷於現象而常沉苦海無有出期。

隱顯莫測神最妙，璇轉日月貫古今，貪瞋煩惱我密號，生殺威權我自興。

毘盧遮那法身如來的作業名羯磨力，祂從其所有的種子注予生命力，使其各類各各需要的成分發揮變成各具的德性呈現各其本誓的形體及色彩、味道，將其遺傳基因寓於種子之中，使其繁衍子孫，這源動力還是元靈祖所賜。故在一期一定的過程後而隱沒，種子由代替前代而再出現，這種推動力完全是大我靈體之羯磨力，凡夫看來的確太神奇了、太微妙了。不但造化萬物，連太空中的日月星宿亦是祂的力量所支配而璿轉不休息，祂這樣施與大慈悲心造宇宙萬象沒有代價，真是父母心，吾們是祂的子孫，卻不能荷負祂的使命施與大慈悲心，迷途的眾生真是辜負祂老人家的本誓的大不孝之罪。祂的大慈悲心是大貪，眾生負祂的本誓，祂會生氣，這是祂的大瞋，但眾生還在不知不覺的行為中，如有怨嘆，祂都不理而致之，還是賜我們眾生好好地生活著，這是祂的大癡，這貪瞋癡是祂的心理、祂本有的德性，本來具有的、是祂的密號。祂在創造中不斷地成就眾生的成熟。如菓子初生的時只有發育，不到成熟不能食，故未成熟的菓子是苦澀的，到了長大時必須使其成熟故應與以殺氣才能成熟，有生就應有殺，加了殺氣之後成熟了，菓子就掉下來，以世間看來是死，故有生必有死，這種生殺的權柄是祂獨有，萬物皆然，是祂自然興起的，故云生殺威權我自興。祂恐怕其創造落空，不斷地動祂的腦筋使其創造不空成就，這些都是祂為眾生的煩惱。這煩惱還是祂老人家的本誓云密號，本有功德也。

六道輪回戲三昧，三界匯納在一心，魑魅魍魎邪精怪，妄為執著意生身。

大我體性的創造中有動物植物礦物，動物有人類，禽獸，水族，蟲類等具有感情性欲之類，植物乃草木具有繁愆子孫之類，礦物即礦物之類。其中人類的各種機能組織特別靈敏，感情愛欲思考經驗特別發達，故為萬物之靈長，原始時代大概相安無事的，到了文明發達就創了禮教，有了禮教擬將教化使其反璞歸真，創了教條束縛其不致出規守其本分，卻反造成越規了，這禮教包括一切之法律，法律並非道之造化法律，故百密一漏之處在所難免，有的法律是保護帝王萬世千秋不被他人違背而設的，不一定對於人類自由思考有幫助，所以越嚴格越出規，所以古人設禮出有大偽，人類越文明越不守本分，欲望橫飛要衝出自由，自由是萬物之特權之性，因此犯了法律就成犯罪。罪是法沒有自性的，看所犯之輕重論處，或罰款或勞役或坐牢，期間屆滿就無罪了。但犯了公約之法律或逃出法網不被發現，其人必會悔而自責，誓不復犯，那麼此人的心意識就有洗滌潛意識的某程度，此人必定還會死後再生為人，若不知懺悔但心中還常感苦煩，死後一定墮地獄，若犯罪畏罪而逃不敢面對現實，心中恐懼怕人發現，這種心意識死後會墮於畜生道。若人欲望熾盛欲火衝冠，死後必定墮入餓鬼道。若人作善意欲求福報死後會生於天道，人心是不定性的，所以在六道中出歿沒有了時，因為它是凡夫不悟真理才會感受苦境。苦樂感受是三界中事，若果修行悟了道之本體，與道合一入我我入，成為乾坤一人的境界，向下觀此大道即是虛出歿的現象，都是大我的三昧遊戲罷了，能感受所感受的三界都是心，不但三界，十界亦是心，故三界匯納在一心。魑魅魍魎邪精怪是山川木石等孕育天地之靈氣，然後受了動物之精液幻成，受了人之精液即能變為人形，受了猴之精液變猴，其他類推，這種怪物即是魔鬼，它不會因過失而懺悔，任意胡為，它的心是一種執著意識，以其意而幻形，此名意成身，幻形有三條件，一是幽質，二是念朔材質，三是物質，比如說我們要畫圖，在紙上先想所畫之物，這是幽質，未動筆時紙上先有其形了，其次提起鉛筆繪個形起稿，此即念朔材質，次取來彩色塗上，就變成立體之相，幾可亂真了。

喑啞蒙聾殘廢疾，病魔纏縛自迷因，心生覺了生是佛，心佛未覺佛是生。

人們自出生時或出生了後，罹了喑啞、或眼盲、或耳聾或殘廢疾病，都與前生所作的心識有關，過去世做了令人憤怒而被打了咽喉、或眼目、或殘廢、或致了病入膏肓而死，自己還不能懺悔，心中常存怨恨，這種潛意識帶來轉生，其遺傳基因被其破壞，或在胎內或出生後會現其相。前生若能以般若來觀照五蘊皆空，即可洗滌前愆甚至解縛證道，眾生因不解宇宙真理，執著人法故此也。人們的造惡業亦是心，心生執著而不自覺即迷沉苦海，若果了悟此心本來是佛性，心生迷境而能自覺了，心即回歸本來面目，那個時候迷的眾生就是佛了。這心就是佛，因眾生迷而不覺故佛亦變眾生，是迷悟之一念間，人們應該在心之起念間要反觀自照以免隨波著流。

罪福本空無自性，原來性空無所憑，我道一覺超生死，慧光朗照病除根。

罪是違背公約的代價，福是善行的人間代價，這都是人我之間的現象界之法，在佛性之中都沒有此物，六道輪迴之中的諸心所法是人生舞台的法，人們只迷於舞台之法，未透視演戲之人，戲是假的演員是真的，任你演什麼奸忠角色，對於演員本身是毫不相關的，現象無論怎麼演變，其本來佛性是如如不動的，所以世間之罪福無自性，原來其性本空，沒有什麼法可憑依。戲劇中之盛衰生死貧富根本與佛性的演員都沒有一回事。《法華經》中的〈譬喻品〉有長者子的寓意故事，有位長者之子本來是無量財富，因出去玩耍被其他的孩子帶走，以致迷失不知回家，成為流浪兒，到了長大還不知其家，亦不認得其父母，父母還是思念，但迷兒流浪了終於受傭於其家為奴，雙方都不知是父子關係，有一天來了一位和尚，是有神通的大德，對其父子說你們原來是父子，那個時候當場互為相認，即時回復父子關係，子就可以繼承父親的財產了。未知之前其子還是貧窮的，了知之後就成富家兒了，故喻迷沉生死苦海的眾生若能被了悟的大德指導，一覺大我之道就超生死迷境了。了生死是瞭解生死之法本來迷境，這了悟就是智慧，智慧之光朗照，即業力的幻化迷境就消失，病魔之根就根除了。

阿字門中本不生，吽開不二絕思陳，五蘊非真業非有，能所俱泯斷主賓。

阿字門即是涅盤體，是不生不滅的佛性本體，了知諸法自性本空沒有實體，眾生迷於人法，《金剛般若經》中說的四相，我相、人相、眾生相、壽者相，凡夫迷著以為實有，四相完全是戲論，佛陀教吾們要反觀內照，了知現象即實在，要將現象融入真理，我與道同在，我與法身佛入我我入成為不二的境界，這不二的境界是絕了思考的起沒，滅了言語念頭，靈明獨耀之境界，所有的五蘊是假的，這五蘊堅固就是世間所云之靈魂，有這靈魂就要輪迴六趣了，有五蘊就有能思與所思的主賓關係，變成心所諸法而執著，能所主賓斷了，心如虛空，心如虛空故與道合一，即時回歸不生不滅的阿字門。不然的話，迷著於色聲香味觸之法而認為真，故生起貪愛、瞋恚、愚癡等眾蓋佛性，起了生死苦樂感受。諸法是戲論，佛性不是戲論，佛陀教吾們不可認賊為父。

了知三世一切佛，應觀法界性一真，一念不生三三昧，我法二空佛印心。

應該知道三世一切的覺者是怎樣成佛的。要了知一個端的應觀這法界森羅萬象是一真實的涅盤性所現，這是過去佛現在佛未來佛共同所修觀的方法，一念生萬法現，一念若不生就是包括了無我、無相、無願三種三昧，這種三昧是心空，不是無知覺，是視之不見、聽之不聞的靈覺境界，此乃一真法性當體之狀態，我執法執俱空即是入我我入，佛心即我心，我心即佛心，達到這境界即入禪定，禪是體，定是心不起，二而一，眾生成佛。釋迦拈花迦葉微笑即此端的，因為迦葉等五百羅漢，均是不發大心的外道思想意識潛在，故開了方便手拈畢波羅花輾動，大眾均不知用意，但都啞然一念不生注視著，這端的當體即佛性本來面目，可惜錯過機會，只有迦葉微笑表示領悟，自此別開一門的無字法門禪宗，見了性後不能發大心都是獨善其身的自了漢。

菩薩金剛我眷屬，三緣無住起悲心，天龍八部隨心所，神通變化攝鬼神。

羅漢在高山打蓋睡，菩薩落荒草，佛在世間不離世間覺，羅漢入定不管世事眾生宛如在高山睡覺，定力到極限的時候就醒來，會起了念頭，就墮下來了，菩薩是了悟眾生本質即佛德，已知迷是苦海，覺悟即極樂，菩薩已徹底了悟了，它就不怕生死，留惑潤生，拯救沉沒海中的眾生，如人已知水性了，入於水中會游泳，苦海變成泳池，眾生是不知水性故會沉溺，菩薩入於眾生群中，猶如一支好花入於蔓草之中，鶴立雞群，一支獨秀。佛世間、眾生世間、器世間，都是法界體性所現，在世間覺悟道理了，就是佛，所以佛在世間並無離開世間。佛是世間眾生的覺悟者，菩薩為度眾生而開方便法門，但有頑固的眾生不受教訓，菩薩就起了忿怒相責罰，這就是金剛，這是大慈大悲的佛心所流露之心所，其體即佛，心王心所是佛之眷屬，這種大慈大悲的教化眾生之心所，是沒有能度所度及功勞的心，無住生心，歸納起來菩薩金剛都是大悲毘盧遮那之心。此心即佛心，要度天或鬼神就變化同其趣。如天要降雨露均沾法界眾生就變天龍，要守護法界眾生就變八部神將，都是大日如來心所所流出的。祂的神通變化是莫測的，不但能度的菩薩金剛，連鬼神之類亦是毘盧遮那普門之一德，普門之多的總和即總持，入了總持即普門之德具備，這總持即是心。

無限色聲我實相，文賢加持重重身，聽我法句認諦理，一轉彈指立歸真。

心是宇宙心，心包太虛，太虛之中有無量基因德性，無量基因德性即普門，色即現前之法，聲即法相之語，語即道之本體，有其聲必有其物，有其物即有其色相，無限的基因德性，顯現無限不同法相，能認識之本體即佛性智德，顯現法相之理即理德，智德曰文殊，理德曰普賢，法界之森羅萬象即此理智冥加之德，無量無邊之理德及無量無邊之智德，無論一草一木都是此妙諦重重冥加的總和，只是基因德性之不同，顯現之物或法都是各各完成其任務之相。若不如是萬物即呈現清一色、一味、一相，都沒有各各之使命標幟了。這無限無量的基因德性曰功德，這功德都藏於一心之如來藏中，凡夫不知故認後天收入的塵法為真，將真與假合璧，成為阿賴耶識，自此沉迷三界苦海了，人們若果聽了這道理而覺悟，即不起於座立地成佛了。

—完—

新編江湖風月集(卷下)

修訂者

大 僧 正
哲學博士 釋悟光上師

編輯

玄覺

美術統籌

莫道文

美術設計

曾慶文

出版者

資本文化有限公司

地址：香港中環康樂廣場1號怡和大廈24樓2418室
電話：(852) 28507799
電郵：info@capital-culture.com
網址：www.capital-culture.com

鳴謝

宏天印刷有限公司

地址：香港柴灣利眾街40號富誠工業大廈A座15字樓A1, A2室
電話：(852) 2657 5266

出版日期

二〇一八年七月第一次印刷

ISBN 978-988-79156-1-4
Published in Hong Kong